한국보이스카우트 창시자

구도(具道) 정성채(鄭聖采)
(1899~1950 납북)

- 소년운동, 뿌리내리다 -
정찬민 지음

아버지(정성채 장로 1899~1950 납북)와 어머니(정수면 권사 1899~1993)

소년척후대 제1호대 발대식 기념(1922년 4월) 뒷줄 중앙이 정성채. 1922년 4월 우리나라 최초로 세계적인 보이스카우트를 중앙기독교청년회에서 17명의 청소년으로 구성했고 그해 9월 30일 경찰 당국에 신고했다

서 문

100여 년 전 조선의 정세가 혼란하던 당시 저의 아버지 정성채(1899~1950 납북)는 1922년 9월 30일 세계적인 소년척후단(Boy Scouts)을 창설하였습니다. 소년운동의 선구자로서 애국심, 신앙심, 봉사정신을 함양한 소년의 올바른 성장을 위한 목적이었습니다.

한국 역사의 특수한 일제강점기 시기에, 그의 이념인 도덕심을 기초로 타인의 종교 및 개인의 인격을 존중하여 소년들에게 군대식 훈련을 금지하고 애국심을 심어주었습니다.

또한 이들이 세계 소년척후와 교류하며 세계 평화를 촉진토록 노력했습니다.

저의 아버지 구도 정성채는 1950년 6·25동란 당시 납북되어 생사를 모르며 지내다가 그가 23세 나이에 소년들을 위해 활동하셨던 역사적 배경을 알리고자 『한국보이스카우트 창시자 - 구도 정성채』가 책으로 나오게 되었습니다.

소년운동 업적의 발자취가 기록으로 남겨져서 후세 소년들이 정성채 장로의 보이스카우트 정신을 본받아 세계 민족애와 철저한 신앙심으로 무장된 국민으로 성장하기를 바랍니다.

아버지가 납북 되신지 58년이 된 2008년, 필자는 서울에 머물면서 한국보이스카우트의 뿌리를 조사하고 자료를 수집했습니다. 한국 소년운동에 헌신한 역사적 사실을 토대로 수집된 자료들을 그대로 이제나마 발간하게 되어 참으로 기쁘게 생각합니다.

그리고 6·25동란으로 가장을 잃은 가정의 슬픔, 그리움, 사랑을 신앙심으로 견디어 온 이야기도 함께 엮었습니다.

이 책이 세상에 나올 수 있게 해주신 하나님께 감사드립니다.

그리고 축사로 이 책을 빛나게 해주신 한국스카우트연맹 이찬희 총재와 저의 여섯째 정찬구 형님과 정씨 가족들에게 감사드립니다.

2025년 1월 15일
정성채의 7남 정 찬 민

축사

이 찬 희
(한국스카우트연맹 총재)

    한국 스카우트 운동의 창시자 중 한 분이신, 우리 민족의 자랑스러운 인물 고(故) 정성채님의 일대기를 담은 책이 출간된다는 소식을 접하며, 한국스카우트연맹을 대표해 진심 어린 축하의 말씀을 전합니다.

    정성채님께서는 1922년, 일제 강점기의 혼란과 대한민국 건국 초기의 어려운 상황 속에서도 흔들리지 않는 신념으로 우리나라에 스카우트이념의 씨앗을 심으셨습니다. 그의 삶은 단순히 개인의 발자취를 넘어, 우리 사회와 청소년들에게 깊은 울림과 교훈을 남겼습니다. 혼란의 시대 속에서도 그는 희망을 잃지 않고 청소년 교육과 봉사활동에 헌신하며, 우리나라 스카우트 운동의 기반을 마련하셨습니다. 오늘날 한국스카우트연맹이 굳건히 자리 잡을 수 있었던 것은 바로 정성채님의 선구적 노력과 헌신 덕분입니다.

    이에 출간되는 정성채님의 일대기는 생애를 통해 그가 꿈꾸었던 세상, 후손들에게 전하고자 했던 가르침, 그리고 어려운 상황에서도 포기하지 않았던 의지를 생생히 담아낼 것으로 기대됩니다. 이 책이 후손들에게는 정신적 유산으로, 그리고 독자들에게는 용기와 희망을 주는 귀한 기록이 될 것입니다.

　정성채님의 가르침과 헌신은 한국스카우트연맹의 역사와 정신에 깊이 새겨져 있으며, 이는 앞으로도 우리 청소년들에게 이어져야 할 소중한 가치입니다. 우리나라 스카우트 운동의 뿌리를 되새기고, 스카우트 활동의 미래를 위한 새로운 비전을 공유할 수 있기를 기대합니다.

　끝으로, 이 책이 세상에 나오기까지 애써주신 모든 관계자 여러분께 깊은 감사의 말씀을 드립니다. 다시 한번 출간을 진심으로 축하드리며, 이 책을 통해 많은 분들이 정성채님의 삶을 통해 스카우트 정신을 생생히 느끼고, 그의 가르침이 후대에 길이 이어지길 기원합니다.

　감사합니다.

▷ 차 례

▷ 서문 정찬민 ― · 6
▷ 축사 이찬희 ― · 8

1부 정성채의 신앙생활
가정환경 ― · 14
어린 시절 ― · 22
조용한 소년 ― · 27
든든한 YMCA ― · 35
드디어 창설한 소년척후대 ― · 39
소년척후교범 ― · 59
강제해산 ― · 65
봉사활동 ― · 69
6·25로 납북 ― · 74
아들들의 보이스카우트 활동 ― · 78
창립 103주년 한국보이스카우트 ― · 89

2부 어머니의 사부곡(思夫曲)

평범하고 행복한 가정 — · 94
기도로 산 한평생 — · 98
영원한 삶 — · 103

3부 아들과 며느리, 손자손녀, 증손자, 조카가 보내는 편지

정찬구 · 새로운 소년척후단 교범을
　　　　쓰시던 기억이 생생 — · 111
정찬민 · 아버지, 어머니 사랑해요 — · 114
민인혜 · 아버님을 만났더라면 얼마나 좋았을까요? — · 121
정범기 · '범기'라는 이름은 할아버지의 유산 — · 123
정기영 · 신앙인의 삶을 남겨주어 감사합니다 — · 125
정진희 · 근면하고 인간애가 넘치는 분 — · 127
정수희 · 아버지 통해 할아버지를 느낍니다 — · 129
정봉훈 · 증조할아버지의 정신이
　　　　우리 가족 안에 숨쉽니다 — · 131
정찬수 · 한국스카우트연맹 창설자
　　　　큰아버지 정성채 장로님을 기리며 — · 133

4부 명예를 드높이다
정성채의 『소년척후교범』 발간사 — · 138
1962년 대한소년단의 공로장 — · 141
정성채 선생 흉상 제막 — · 142
2009년 정성채 장로 추모예배 — · 145
국립 6·25전쟁 납북자기념관 — · 155

5부 정성채를 말한다
김정의 · 정성채의 소년운동 — · 160
김을한 · 대한소년단을 창시한 정성채 — · 165
이창호 · 정선생님의 고결한 인품 — · 168
최석주 · 내가 본 인생 백경(人生 白景) 정성채 — · 169
김춘배 · 남한에서 납치된 이들 — · 172
최초의 범 대원(隊員) 김용우와 정성채 간사장 — · 174
경신의 빛난 얼 — · 176
전혜금씨(지휘자 금난새의 어머니)의 편지 — · 178

6부 정성채 어록 — · 182
7부 신문 기사 모음 — · 186
8부 정성채 연보 — · 246

1부
정성채의 신앙생활

가정환경

　새로운 나라는 새로운 도읍지가 필요합니다. 태조 이성계는 한양을 새로운 수도로 정하고 고려의 수도 개경을 떠나 1394년 한양 천도를 했습니다. 오늘의 서울을 조선시대에는 한양이라고 불렀지요.
　1994년 서울은 역사 600년이 되었습니다. 벌써 30년 전이네요. 역사 깊은 서울인 만큼 이곳에서 살아왔거나 사는 사람들의 사연도 깊고 넓습니다.
　조선은 1876년 부산, 1880년 원산, 1883년 제물포(인천)가 개항되면서 일본, 중국, 러시아, 미국, 독일, 영국의 깃발을 단 수많은 배들이 조선에 들어왔습니다. 특히 일본을 비롯한 영국, 미국의 해양 세력과 러시아를 중심으로 한 대륙 세력이 한반도를 둘러싸고 서로 충돌하면서 조선은 강대국 틈바구니에 휘둘러 제대로 운신도 못할 지경이 되었습니다.
　말 그대로 '조용한 아침의 나라'가 개항으로 인해 '혼잡한 시장 한복판'처럼 되어버렸습니다.
　배를 타고 들어온 외국인들은 외교관, 상인, 기독교 선교사들이었습니다. 이 중에 선교사들은 서양식 교육과 의학을 조선에 소개했습니다.

1884년 고종은 선교사들에게 학교 사업과 병원 사업을 허락했고 선교사들은 배재학당, 언더우드 학당(경신학교 전신), 이화학당 등을 세워 조선 젊은이들에게 서양 문물과 신식교육을 시행하였습니다.

1897년 10월, 대한제국으로 국호가 변경되고 고종은 황제에 올랐습니다. 그 해, 북장로교회 선교부가 교육정책을 확정하여 새시대에 필요한 도덕적이고 건전한 인재를 양성하기 시작했습니다. 신앙이 좋은 기술자, 의사, 농부, 공무원들이 배출되었습니다. 복음을 받아들여 예수를 믿는 학생과 교인들이 늘어나면서 한국 교회가 스스로 학교를 설립하여 인재 양성을 시작했습니다.

1905년 전국의 장로교회 30%가 학교를 설립했고 1907년에는 장로교회 50%가 학교를 세웠습니다. 이렇게 되자 조선을 식민지로 만들려는 야심을 지닌 일본은 경계심을 가졌습니다.

일본은 무사의 나라, 칼의 나라이고 조선은 학자의 나라, 붓의 나라가 아닙니까. 일본은 총칼을 앞세워 이웃나라들을 침범했지요.

1904년 러일전쟁에서 승리한 일본은 1905년 11월 17일 을사보호조약을 강제로 체결하면서 대한제국의 외교권을 완전박탈 했습니다. 일본 헌병들이 포위한 중명전(重明殿)에서 조선통감부 초대통감 이토 히로부미가 내각회의를 열었고 을사 5적으로 남은 다섯 대신들이 옥새도 없이 나라의 외교권을 팔아먹었습니다. 조선은 사실상 일본의 식민지가 되었지요. 나라를 넘긴 을사오적은 이완용, 이지용, 박제순, 이근택, 권중현이지요. 그리고 일제는 교회가 설립해 운영하는 학교를 탄압하기 시작했습니다.

그러함에도 불구하고, 한국에 뿌려진 복음의 씨앗은 1906년 가을, 양평 서종면에 문호교회를 설립했습니다. 문호(汶湖)리(무내미는 옛 지명)는 조선시대에 번화한 지역에 속했습니다. 뱃길이 가장 중요한 교통수단인데 그 시절, 경성의 관문인 지리적 입지가 좋았습니다.

무내리 나루터를 중심으로 주막, 여관이 즐비했습니다. 문호는 한자로 더러울 문(汶), 호수 호(湖)를 쓰는데 이 지명은 이곳에 공부하는 선비들이 많이 살아, 하도 먹물을 갈아 버려서 물이 더러울 정도라고 하여 동네 이름이 유래했다고 합니다.

그러니까 유교를 숭상하는 선비의 고장에 기독교가 뿌리를 내리기 시작한 것입니다. 여기에 나의 할아버지 정윤수(鄭允洙)가 등장합니다. 할아버지는 곽안련(Charles Allen Clark, 1878~1961) 선교사를 통해 하나님을 영접했습니다.

할아버지는 나라의 운명이 바람 앞으로 촛불 같던 이때 "하나님, 가여운 우리의 조선을 도와주세요." 하고 얼마나 기도를 했을까요?

곽안련은 한국 교회를 위하여 태어났고 한국 교회를 위하여 전 생애를 바친 사람입니다. 그는 미네소타대학과 매컬리스터대학을 거쳐 맥코믹 신학교에서 신학을 공부하면서 선교사 훈련을 받았습니다. 이 졸업반에 신기한 일이 있었습니다.

졸업생 동기 44명 중 18명이 선교사로 지원했으며 그들 모두가 조선으로 가기를 희망한 것입니다. 조선에 대해 아는 사람은 거의 없었지만 학생들이 가장 복음이 필요한 곳에 쓰임을 받고 싶어 한 것이지요.

할아버지(정윤수 장로)

할머니(김애심)

　곽안련은 1902년 마블(Mabel Craft)과 결혼하고 목사안수를 받은 다음 미국 북장로교 선교사로 조선에 왔습니다. 1902년 9월 22일 한국의 제물포에 내린 곽안련에게는 거대한 시련이 기다리고 있었습니다. 전염병 콜레라가 온 나라를 휩쓸고 천연두와 성홍열이 기승을 부리고 있었는데 바로 이 전염병으로 첫째 아들을 잃었습니다. 1905년 태어난 둘째 아들도 6개월 만에 잃었습니다.

　한국 교회를 섬기기 위해 한국 땅에 상륙한 곽안련에게는 참으로 감당하기 힘든 비극이었습니다. 그러나 자신의 두 아들을 선교의 땅에 묻고 일어선 곽안련은 교회를 위해 큰 걸음을 내딛었습니다.

　서울 새문안교회 앞 길거리에서 거리 전도를 하는 것으로 한국 선교사역을 시작했고 경기도, 강원도, 동해안까지 전도를 하러 다녔습니다. 그는 5일 만에 한 번씩 서는 장터에서 노방전도를 하였습니다.

갓을 쓴 한복 차림 중장년과 머리를 뒤로 길게 땋은 소년들이 모인 장터에 먼저 자신이 등장하여 이색인종에 대한 호기심을 유발시킵니다. 그리고 서툰 한국어로 한국인이 알고 있는 노래의 주제를 화제 삼아 몇 마디를 합니다. 사람들이 주위에 몰려들면 자신은 물러나고 자신의 전도팀에 있는 한국인이 등장하여 전도를 합니다. 마지막 단계는 자신들의 전도에 깊은 관심을 기울이는 사람을 발견하게 되면 곽안련은 그를 찾아 대화를 나누고 그가 사는 동네를 방문하게 됩니다. 그 방문은 바로 개척교회로 이어지게 되지요.

아마도 할아버지도 그렇게 곽안련을 만나 일찌감치 복음을 전해들은게 아닌가 짐작합니다.

곽안련은 끊임없는 전도의 길로 150여 개의 교회를 개척했으며 이 교회들을 책임지고 순회를 하자면 그때 절대적인 교통수단인 말 위에서 거의 시간을 다 보내야 했습니다. 그가 순회한 지역은 서울을 비롯하여 멀리 동해안이었는데 그 넓은 지역을 다니면서 교회를 섬기고 믿지 않은 영혼을 전도하면서 때로 생명이 위험한 고비도 넘겨야 했습니다.

특히 곽안련은 무어(Samuel F. Moore, 모삼열)가 설립한 곤당골 교회(이후 승동교회)에 1902년 부목사로 부임하여 교회를 돌보았습니다. 1905년 인사동(당시 승동)으로 성전을 이전하여 현재까지 승동교회 역사가 흘러옵니다.

곽안련 목사는 승동교회 제3대 담임목사로 취임하여 1906년 위임되었습니다.

1893년 설립된 승동교회는 대한예수교장로회(합동) 소속 교회로 새문안교회, 연동교회 등과 더불어 한국교회의 모 교회로 한국 기독교 역사 사적지 제1호입니다.

2025년 설립 132주년이 되는 승동교회는 긴 세월동안 복음을 전파해 온 민족 신앙의 산실이자 일제하 암울했던 조선에 믿는 자들이 빛을 전하는 역할을 담당해온 것입니다.

승동교회 여운경 장로는 최초의 소년척후대원 17명 중 1인입니다. 아버지가 승동교회 집사로 시무하실 때, 승동교회는 1922년 4월에 최초로 한국에서 소년척후단을 시작한 교회이지요.

승동교회는 설립 초기에 천민 중 천민인 백정도 갓 쓰고 도포 입고 양반 계급 성도들과 함께 예배를 드린 곳입니다. 당연히 양반들의 반발이 극심했고 백정들과 예배를 못 드리겠다며 교회를 떠났던 교인들도 상당수 있었다고 합니다. 결국 신분을 타파하고 함께 예배 드림으로써 누구도 꿈꾸지 못했던 세상을 모두가 거룩한 주님의 자녀임을 보여준 교회입니다.

1904년 2월 곽안련 선교사가 문호리에 와서 노방전도(사랑방 기도회)를 할 때 양평 무내미 마을의 권사 박씨, 배씨, 차씨 세 가정이 이미 하나님을 받아들이고 있었습니다. 토담집에 붙어있는 사방 2.5평방미터(사방 8피트)의 작은 방에서 예배를 드리고 있었던 것입니다.

1906년 가을, 양평 상심리 교회 차상진, 김영호의 전도로 이장룡, 김영수, 유기량 등이 하나님을 믿게 되고 순회 전도사인 곽안련, 민유화, 박태선의 전도로 김성실, 정운성, 림순화 등이 신자가 되었습니다.

가난하고 황폐하고 절망만 있던 나라에 희망, 사랑이 전도되었습니다. 사람들의 가슴에 영원을 향한 믿음이 자리 잡기 시작한 것입니다.

1905년 을사조약의 부당성을 규탄하는 대규모 성토대회가 열렸습니다. 정미 의병 활동에 주력한 교회들이 수난을 당했습니다. 일제는 목재로 건축된 예배당을 불 지르고 교인들 가운데 주동자를 색출했습니다.

장로교회 선교사 곽안련(Charles Allen Clark) 목사는 양평 상심리 교인들로부터 읍내 교회가 불탄 소식을 듣고 이 일을 수습하러 나섰습니다. 1908년 상심리 교회 전도인들이 주도하여 배에 목재를 싣고 강을 거슬러 가 7칸의 성전을 건축했습니다.

1908년 양평군 장로교회 김성실, 정윤수, 전도인 배은길, 차상진, 한덕리, 박근대 등은 순번으로 교회를 돌보았습니다. 여기에 이름이 나오는 정윤수 장로 이 분이 나의 아버지 정성채를 낳아주신 분으로 나의 할아버지입니다.

모두 함께 예배당을 협력 건축하여 학당도 설립하고 열심히 전도하니 교회가 날로 부흥하였습니다. 그래서 1911년 1월 문호 마을에는 깨끗하고 아담한 6칸 예배당에 교인 183명이 출석하고 있었습니다. 마치 영국 마을에 있는 교회처럼 신앙심 깊은 교인들이 아담하고 분위기 있는 교회를 구심점으로 신앙생활을 이어가고 있었지요. 마을 주민과 성도들이 협심하여 강변의 둑과 흙으로 반석 위에 세운 교회는 소박하고 정갈하여 교인들의 정신적 안식처가 되었습니다.

원래 선비의 고장이던 이곳은 성지로 거듭났습니다. 지금도 북한

강을 따라 흐르는 도로 위를 달려가다 보면 담쟁이덩굴 사이로 문호교회의 한돌성전이 보입니다.

1895년의 청일전쟁, 1904년의 러일전쟁, 1905년의 을사조약, 1910년의 한일합방은 우리 민족에게 참으로 큰 시련과 고통을 주었습니다. 주변 강대국들이 한반도에서 기득권을 차지하고자 호시탐탐 기회를 엿보았지요.

이 어려운 시기에 영적각성운동이 한국에서 일어났습니다. 1903년 원산부흥운동, 1907년 평양대부흥운동, 1909년 백만인구령운동이 그것입니다.

1890년부터 1910년까지 한국장로교회는 폭발적인 성장을 하였습니다. 1907년 한국의 장로교독노회가 조직되어 장로교회가 민족교회로서 발돋음을 했고 1909년 백만인구령운동이 일어나 민족복음운동이 진행된 후 1912년 총회가 조직되었습니다.

민족의 위기 속에 부흥운동이 일어나고 한국교회가 한 단계 더 성장했습니다.

조선시대 문신 출신인 할아버지 정윤수는 일제 강점기가 되면서 곽안련 선교사로부터 예수를 영접했습니다. 1911년 2월 4일 상오 9시 새문안 예배당에서 열린 제1회 경기충청노회에서 양평 문호교회 장로 1인 정윤수씨를 장로 후보자로 허락했고 1912년 3월 정윤수 장로가 장립되었습니다.

구한말 일제 강점기는 기독교에 대한 탄압이 심함에도 불구하고 한국 교회의 지도자들은 하나님에 대한 경외심을 신뢰하고 하나님 말씀을 전하기에 힘썼습니다.

어린 시절

　서울에서 종로구는 중심 무대라고 할 수 있습니다.
　한국의 근대시기 임오군란, 갑신정변 현장이 종로구입니다. 조선 후기 국운을 다시 일으키고자 했던 실학의 대두와 북학파의 활동 무대가 종로였으며 겸재 정선의 진경산수화와 추사 김정희의 활동, 김홍도 풍속화가의 등장 등 문예 부흥의 터전도 종로구였지요.
　고종 시절 민씨 척족 정치의 중심 무대도 종로입니다. 경운동 일대를 비롯한 종로구 지역은 독립협회만민공동회가 운종가에서 개최되는 등 500년 조선의 흔적이 모두 종로구에 있습니다.
　3·1운동과 6·10만세의 중심이 탑골공원을 비롯한 종로지역이었고 일제의 식민통치 행위로 인한 가혹한 민족 시련의 장소이기도 하였지요.
　아버지는 이 종로구에서 태어나 종로구에서 교육받았으며 종로구에서 신앙생활을 하였으며 종로구에서 활동하다가 종로구에서 북으로 납치되었습니다.
　나의 아버지, 사랑하는 아버지, 언제나 그리웠던 아버지, 정성채

(鄭聖采)는 1899년 4월 16일 종로구 권농동 171(본적 종로구 재동 71번지)에서 아버지 정윤수(鄭允洙), 어머니 김애심(金愛心) 슬하에 3남 3녀 중 장남으로 태어났습니다. 자녀들의 이름은 장녀 성애, 2녀 인애, 2남 영채, 3남 명채, 3녀 종애였습니다.

권농동은 1914년 4월 1일 동명 개정에 따라 채소 재배를 권장하는 농포서(農圃署)의 이름을 따서 권농동이 되었답니다. 권농동은 동쪽으로 종묘, 남쪽은 묘동, 서쪽은 와룡동과 접하며 북쪽은 와룡동의 창덕궁과 접하고 있어서 도심에서는 드물게 숲속에 쌓여있었다고 합니다.

아버지 어머니가 모두 하나님을 믿으니 6남매 모두 모태신앙으로 하나님을 받아들였지요. 할아버지는 양평과 서울을 오가다가 종로구에 정착했고 한국 장로교의 모체인 종로구 승동(勝洞)교회 전도사가 되었습니다. 승동교회는 할아버지에게 복음을 전한 곽안련 목사가 1902년부터 부목사, 목사로서 시무한 곳입니다.

아버지는 3세 때 이미 유아 세례를 받았으며 종로구 권농동 171에서 성장했습니다. 어릴 때 아명(兒名)은 구도(具道)였으며 성격이 온순한 편으로 비교적 내성적이었습니다. 아버지는 독실한 기독교 집안에서 성장하였습니다.

종로구가 어떤 곳인가요? 암벽과 기암으로 이뤄진 범상치 않은 자태의 인왕산, 백악산(白岳山, 현재 북악산, 북악산은 북(北, 북녘 북, 북쪽으로 가다. 달아나다) 자 속에 달아날 뜻이 있어 일본이 바꾼 이름입니다. 일본이 바꾼 이름이니 백악산이라 해야 맞습니다만 우리는 아직 북악산이라고 쓰고 있습니다.

종로구 북악산은 동쪽에 낙산, 서쪽에 인왕산이 솟아있어 분지를 형성하며 청계천이 동류하면서 배수 역할을 합니다. 물론 남쪽에 남산이 있습니다.

아버지는 일제 식민지 시기 우울하고 비참한 조선 젊은이의 삶을 밝은 양지로 끌어냈다고 할 수 있습니다.

제가 어린 시절이라 정확히 기억은 안 나지만 그래도 아버지와 함께 한 11년 세월이 있습니다. 저의 기억을 더듬어서 아버지를 그려봅니다.

아버지는 어려서부터 필요한 말을 함부로 하지 않는 조용한 소년이었다고 합니다. 말은 없으나 한번 한 말은 책임지는 심지 굳은 청년으로 성장하면서 신앙도 함께 자랐습니다.

조선의 근대적인 초등교육은 1895년 고종이 29개 조항으로 된 소학교령(小學校領)을 공표하면서였습니다. 고종의 교시를 축약합니다.(이충렬 저 『그림으로 읽은 한국근대의 풍경』 인용)

교육은 개화(開化)의 근본이다. 나라를 사랑하는 마음과 부강해지는 기술이 모두 학문으로부터 생기니, 나라의 문명(文明)은 학교의 성쇠에 달려있다. 학생은 8세 이상 15세까지 더 모집하고 그 과정은 오륜행실(五倫行實)부터 『소학(小學)』과 우리나라 역사와 지리, 국문, 산술, 그 외에 외국 역사와 지리 등 시의(時宜)에 맞는 책을 일체 가르치면서 헛된 형식을 버리고 실용을 숭상하여 교육을 완전하게 하기에 힘써라.

대체로 다른 나라 학교의 규정을 생각건대, 아동이 학교에 입학하지 않으면 그 부형(父兄)에게 벌을 주는 예도 더러 있다. 우리나라에서는 이런 규정을 아직은 시행하지 못하였으나 아동의 부형 되는 자는 아들이나 동생을 데리고 본부에 와서 허입장(許入狀)을 받은 후 학교에 가서 학업을 힘써 닦게 하되, 혹 게을러서 중단하는 폐단이 없게 하기를 바란다.
- 『고종실록』 1895년 9월 28일

고종의 소학교령은 8월 1일부터 시행되었으며 이때부터 각 관찰부 소재지(현재 도청소재지)에 소학교 1개가 세워졌습니다. 목적은 아동의 신체 발달에 맞추어 국민 교육의 기초와 그 생활상에 필요한 보통 지식 및 기능을 기르는 것이었습니다.

1899년 아버지가 태어난 해에 벌써 서울에만 19개의 관립 소학교가 있었습니다.

일본은 을사늑약 후 한국의 근대교육을 통제하기 시작합니다. 1906년 소학교라는 이름을 보통학교로 바꿨고 교육연한도 4년으로, 학교 다닐 수 있는 나이도 8~15세에서 8~12세로 축소했습니다.

1910년 8월 29일 한일합방으로 일본은 식민지 지배를 본격화했습니다. 정치 지도자의 무능함, 부패한 관리들이 친일정권 앞잡이가 되어 나라를 일본에 넘기고 각자의 이권을 챙겼습니다. 1911년에는 조선총독부가 민족운동을 탄압하기 위해 총독 암살 모의로 날조한 기독교인 105인 체포사건도 일어났습니다. 105인 사건은 일제가 기독교를 탄압하고 궁극적으로 선교사들의 한국에서 추방하려는 전혀 근거 없는 음모였습니다.

이후 선교사들은 일제의 한국통치에 대해 내심 비판적인 입장을 취하기 시작했습니다. 종교의 지역과 신분, 지역을 초월하여 민족의 독립을 주창한 1919년 3·1운동은 기독교의 힘이 하나로 모여 태동된 것이라 할 수 있지요.

한국 장로교회는 흔들리지 않고 전국적인 교회 성장을 주도했고 사회개혁운동도 전개했습니다. 나라가 없어짐에 통곡하던 조선인들에게 복음의 빛은 다가와 있었고 인간의 존엄성과 가치에 대한 자각이 일깨워졌습니다.

아버지는 이러한 혼란한 정국 속에서 신앙심이 단단해졌습니다. 아버지는 13세인 1912년 3월 경신학교에 입학했습니다. 경신학교는 장로교 계통 학교로 아버지에게 여러 가지 선한 영향을 주었습니다.

조용한 소년

경신(儆新) 학교의 경신은 '새로운 것을 깨우친다'는 뜻으로 1886년 중등학교 과정의 사립학교로 '언더우드 학당'으로 개교했습니다.

미국 북장로회파의 초대선교사 호러스 그랜트 언더우드(Underwood, H.G) 목사는 1885년 4월 5일에 조선으로 왔습니다. 입국 3일 만에 광혜원에서 화학과 물리학을 가르치면서 한국에 대한 봉사 사업을 시작하였습니다.

1896년 서울 정동의 자기 집에 붙어있는 건물을 이용하여 고아원 형식의 학교를 창설하였는데 이것이 바로 오늘의 경신 중고등학교의 전신입니다.

경신학교의 설립 목적은 기독교 정신 위에 가족 사회 국가 세계와 하나님께 봉사하는 인격을 완성함과 동시에 각자의 능력과 흥미를 스스로 탐구하여 최대한 자신을 발전시켜 나가며 나아가 목회자 양성에 있었습니다. 이웃과 세상을 섬길 줄 아는 인간교육이었지요.

1902년 선교사 게일이 연지동으로 교사를 옮기고 신입생을 받았습니다. 1905년부터 경신학교라고 이름을 바꾸었습니다. 경신학교는 한국 개화기에 그리스도 복음과 신학문의 요람지로서 수많은 인재를 길러냈습니다. 도산 안창호, 우사 김규식이 다닌 학교지요. 이 미션스쿨은 대한독립에 이바지한 독립운동가를 길러낸 학교인 것입니다.

경신학교는 정동 시대, 연지동 시대, 정릉동 시대를 지나 혜화동 시대를 맞고 있습니다. 아버지는 연지동 시대(1901~1940)에 학교를 다녔습니다.

아버지는 음악을 좋아했습니다. 학창시절 같은 학교는 아니지만 여러 가지 공통점이 많은 홍난파와 친하게 지냈습니다. 본명은 홍영후(永厚)이며 아호가 난파(蘭坡)로 일제 강점기에 '봉선화', '성불사의 밤', '옛동산에 올라', '고향생각' 등을 작곡한 천재로 한국 음악계에 큰 업적을 남기셨지요.

홍난파는 1897년생으로 아버지보다 나이가 두 살 위이지만 친구가 되었습니다. 홍난파는 같은 장로교인 대한예수장로회에 속한 새문안교회에 다니면서 집사, 성가대 활동을 하고 교회 활동에 적극적이었습니다. 수많은 교회의 음악회에 가고 바이올린 연주를 하면서 전도 활동을 하였지요.

아버지는 노래를 잘하여 승동교회 성가대에서 활동했고 하모니카와 바이올린을 잘 연주했습니다. 10대 시절에 홍난파와 통하는 것이 많던 아버지는 중앙기독교청년회(YMCA) 낙우회(樂友會)를 함께 조직하여 음악 및 전도 활동도 같이 하였습니다. 각자 결혼을 한 뒤에도 서로 집을 오가며 교우관계를 나누었습니다.

아버지는 음악에만 재능이 있는 것이 아니라 운동도 잘했습니다.

단복 차림의 아버지

군살 하나 없이 균형 잡힌 몸매에 운동감각이 발달하여 야구도 잘하고 농구도 잘했습니다. 특히 야구는 왼손잡이 야구선수로 이름을 날릴 정도였지요.

원래 경신학교는 선교사들로부터 전해진 야구, 농구, 축구 등 운동부가 막강했습니다.

아버지는 1916년 3월 경신학교를 졸업한 후 1917년 4월 연희전문학교에 입학했습니다.

집에 스케이트와 스키가 있던 것이 기억납니다. 한 번은 YMCA 시절 Y에서 스케이트 칼날을 제공했는데 신발이 없었습니다. 아버지는 자신의 구두에 칼날을 묶어서 한강에서 타기도 했지요. 나중에는 신발도 도착하여 스케이트를 능숙하게 탔습니다.

한창 젊은 나이의 아버지는 같은 승동교회 교우인 한 여학생을 연모하게 되었습니다. 그 여학생 정수면은 같은 장로교 기독학교인 정신여학교에 다니고 있었습니다. 서로 신앙이 독실함에 공감대가 형성되고 봉사활동에 누구보다 서로 열심인 점에 반하여 두 분이 사랑하게 되었다고 합니다. 아버지, 어머니 두 분은 그 시절에 연애를 한 것입니다.

아버지는 운동으로 다져진 군살 없이 훤칠한 모습에 봉사와 헌신, 건강한 정신의 소유자였으니 어머니가 매력을 느끼셨겠지요. 어머니 역시 단아한 모습에 고등교육을 받아 지성적이고 단단한 정신이 엿보였겠지요.

어머니가 다닌 정신여학교는 1886년 미국 북장로회 소속 선교사 애니 앨러스가 서울 중구 정동에 정동여학당을 만든 것이 시작이었습니다. 최초의 장로회 여학교로 한국 기독교 역사를 고스란히 함께 해온 뿌리 깊은 믿음의 교육기관 정신학원입니다.

26세의 독신 여 선교사가 말라리아와 폐출혈 등 질병에 시달리면서도 여성 교육에 혼신을 다한 덕분에 후에 8명의 선교사가 학교를 이어갈 수 있었습니다. 일제치하 최대 여성 항일독립운동을 이끈 김마리아, YWCA를 설립한 김필례 등 나라와 민족을 위해 헌신한 인물들이 나왔습니다.

굳건한 믿음, 고결한 인격, 희생적 봉사라는 학교의 가르침 아래 어머니는 학창시절을 보낸 것입니다.

1917년 정성채와 정수면은 결혼하여 슬하에 7형제를 두게 됩니다. 나, 정찬민은 7형제의 막내로 태어났습니다. 1남 정찬모, 2남 정찬주, 3남 정찬웅, 4남 정찬형, 5남 정찬세, 6남 정찬구, 7남 정

아버지가 애용하던 사진기로 직접 인천 송도 해수욕장에서 7형제를 찍었다.
왼쪽부터 나이순으로 찬모, 찬주, 찬웅, 찬형, 찬세, 찬구, 찬민

찬민입니다.

아버지 어머니 두 분 모두 미국 북장로회가 만든 학교를 다니면서 신앙이 성장했으니 7형제 모두 자연스레 하나님을 믿었습니다. 온 가족이 성경과 기도, 예배가 일상이 되었습니다.

아버지는 성격이 온순하여 우리 7형제를 한 번도 야단친 적이 없습니다. 어머니도 조용한 분으로 할 말만 하시다 보니 우리 집은 큰 소리가 나지 않았습니다. 그런 부모님 아래 자란 7형제 모두가 성격이 온순한 편입니다.

나는 위의 여섯 형들이 욕하거나 야단 피우는 것을 본 적이 없습니다. 서로 싸우지도 않았습니다. 가끔 생각해 봅니다.

'내가 어려서 아버지 없이 성장하는 것이 딱해 보여서 그랬나? 막내라고 형들에게 응석을 부리고 말썽도 피웠을 텐테' 하고 말입니다.

집안에 누나가 없이 모두 남자만 있다 보니 아기자기한 정을 나누며 살지 않았지만 아버지 역할을 해준 형들이 지금도 고맙습니다.

연희전문학교(延禧專門學校)는 1915년 3월 5일 조선기독교 학교로 첫 발족하고 1917년 4월 7일 구제전문학교인 사립 연희전문학교로 거듭 발족하였습니다.

1919년 3월 1일 서울 종로거리는 수많은 군중들로 가득 메워지고 만세 소리가 퍼져 나갔습니다. 학생, 지식인, 농민, 노동자, 상인이 모두 한마음으로 "대한독립 만세!"를 외쳤습니다.

일본의 총칼 아래 수많은 사람들이 죽었고 독립운동가들은 감옥에서 고문으로 죽고 병으로 죽어갔습니다. 승동교회에서도 3·1운동에 연루된 분들이 감옥 생활을 했습니다.

부모님과 일곱 아들이 한자리에 모인 가족사진

아버지는 1919년 3·1운동에 연루되어 연희전문을 중퇴해야 했습니다.

일본은 3·1운동 결과 무단 통치에서 문화 통치로 겉만 바뀌었습니다. 헌병이 경찰로 바뀌었으며 문화 정치를 표방한 후 조선일보, 동아일보 등 언론사가 창간되었습니다.

아버지는 1921년 2월 승동교회 집사로 피임되었습니다. 그해 12월에는 중앙기독교청년회(YMCA, Young Men's Christian Association) 소년부 간사로 발령받았습니다. 아버지는 경신학교를 졸업하고 1917년 3월 중앙기독교청년회에서 영어학교를 다닌 적이 있었습니다. 그래서 능통한 영어 실력과 좋은 믿음으로 청소년 담당 간사가 된 것입니다.

▼ 아버지와 어머니

든든한 YMCA

　종로가 어딘가요? 조선시대에 구름처럼 사람들이 몰려들었다 하여 종로를 운종가(雲從街)라 부르기도 했습니다.
　종로 사거리에 있는 보신각 종은 조선시대 시간을 알려주던 대표적인 시계였지요. 성곽도시인 서울은 종을 쳐서 사대문을 열고 닫는 시간을 사람들에게 알려주었습니다. 파루(罷漏: 새벽 4시)에 33번 종을 쳐서 문을 열고 인정(人定: 밤 10시)에 28번 쳐서 문 닫는 시간을 알려줌으로써 조선시대 시민들의 하루 생활의 기준이 되었습니다.
　종로를 따라 남북 이면으로 난 작은 골목이 피맛골입니다. 종로는 한양의 동서를 관통하는 가장 중요한 거리로 고관대작들이 지나는 길입니다. 옛 풍습에 고관대작이 지나면 신분 낮은 이들은 말에서 내리거나 가던 길을 멈추어야 했습니다. 종로에서 걷는 시간보다 엎드리는 시간이 많았고 급히 질주하는 말은 공포의 대상이었습니다.
　그래서 길 양옆으로 조그마한 골목길인 이면도로를 만들어 이를 피해갈 수 있는 길을 만들었는데 이 골목이 말을 피한다고 하여 피마(避馬)길이라 했답니다.

종로는 서울의 중심, 조선의 중심이었지요. 이 중심가에 중앙기독교청년회(YMCA) 건물이 있었습니다.

YMCA는 1844년 런던에서 젊은이들의 정신적, 영적 상태의 개선을 목적으로 창립되었습니다. 이후 YMCA 운동이 전 세계로 확산되어 1855년에 세계YMCA 연맹이 결성되었습니다.

1898년 독립협회의 해산과 지도자들의 투옥으로 지식층 애국청년들이 기독교에 대해 관심을 갖게 되자 언더우드, 아펜젤러 등 초기 미국 선교사들이 기독교 청년회를 구상하게 되었습니다. 북미YMCA 국제위원회에 한국YMCA를 건의하였고 1901년 창설 전문강사로 질레트가 파송되었습니다. 질레트는 배재학당 안에 학생YMCA를 육성하는 한편, 자문위원회를 구성하여 YMCA 창설을 추진하였습니다. 그래서 1903년 10월28일 창립총회를 열고 황성기독교청년회가 발족하였고 서울기독교청년회로 개칭되었습니다. 바로 한국YMCA의 시작입니다.

창설 당시 한국인 지도자는 김필수, 김규식 등 소수였으나 5개월 뒤 감옥에서 풀려나온 이상재, 김정식, 유성준, 윤치호 등 독립협회 지도자들이 대거 가입하여 YMCA는 독립협회 운동의 후계자 구실을 하게 되었습니다.

1904년 현재의 YMCA회관 자리인 종로 2가에 대지를 마련했고 1908년 3층 현대식 회관을 준공하였습니다. 이때부터 미국으로부터 새로운 기계와 기술을 도입하여 목공, 철공, 제화, 염색, 사진, 인쇄 등 기술교육을 본격화하고 유도, 검도, 야구 등 운동경기와 강연회, 연극 등 문화 활동도 활발히 전개했습니다.

한국에 야구가 들어온 것은 1905년으로 당시 선교사로 온 미국인 질레트(P.L. Gillett)가 황성기독청년회 회원들에게 야구를 가르친 것이 그 시초입니다.

3·1운동으로 YMCA 회원들도 많은 희생을 치렀으나 일제의 문화정책으로 YMCA는 조직망을 전국으로 확산시켜 1925년 전국에 18개 학생YMCA가 생겼습니다.

아버지는 종로 재동의 집에서 종로2가의 중앙 기독교청년회(YMCA)로 출퇴근하느라 종로길을 오고 가면서 어떻게 하면 일제 강점기의 암울한 시기에 청소년들에게 희망을 줄까를 고민했습니다.

1933년 중앙기독교청년회(YMCA) 소년부 농구팀이 대회에서 우승하여 우승기와 함께한 기념사진. 뒷줄 왼쪽 1번째가 정성채

아버지는 빼앗긴 나라와 짓눌린 자유 아래 나라 잃은 설움에만 잡혀있기에는 자신이 할 일을 찾아야 했습니다. 그 어둡고 숨 막힌 시절에 기를 펴지 못하고 있는 조선의 청소년들이 가여웠고 이들에게 하나의 등불이 필요함을 깨닫게 되었습니다. 조국이 해방되자면 오직 청소년들을 건전하고 강인하게 교육시켜야 한다는 의무감과 책임감이 생겼습니다.

자라나는 소년들을 잘 가꾸면 이들이 장차 조선의 독립을 이룰 것인데 자신이 가장 먼저 무엇을 해야 할 지를 찾았습니다.

"소년들은 조국과 민족의 앞날을 이끌어갈 세대가 아닌가."

당시 일본 청소년 활동이 활발했습니다.

"그렇다. 이들에 꿀리지 않게 한국 YMCA 학생을 대상으로 스카우트 운동을 연구하고 적용하자."

이 결심이 소년척후대를 창설하자는 생각에 미쳤고 바로 한국보이스카우트 운동을 태동시킨 것입니다.

드디어 창설한 소년척후대

아버지는 1920년부터 준비를 하여 1922년 9월 30일 소년척후대를 창설했습니다.(이때 일본인 기록자가 실수로 9월 30일을 31일로 기록했으며 그 자료가 있습니다. 본문 244p 참조)

조선척후대는 YMCA를 중심으로 하여 서울 안의 기독교계 학교 학생들로 조직되었습니다. 이규홍, 정영채, 이범준, 이희준, 신태욱, 여운경, 이정모, 정영진 등 17명의 소년들로 소년척후대 제1호대가 창설된 것입니다. 이때 삼촌 정영채는 형 정성채의 지도아래 최초의 소년척후대원으로 활동했습니다.

소년척후대의 운영방침을 알 수 있는 강령은 아버지가 저술한 『정성채의 소년척후교범(1931)』에 나타나 있습니다.

아버지가 출석한 승동교회 연혁에도 '소년척후대와 창설자 정성채의 단체 사진(1922년 4월 추정)'이 기록되어 있습니다. 소년척후대 단원 중에 승동교회 교인 여운경 장로도 있었습니다.

스카우트는 척후란 뜻입니다. 스카우트(Scout)라는 영어단어에 전쟁터의 척후병(지형을 순찰하고 탐색하는 병사)이란 의미가 담겨 있습니다.

소년척후대원과 함께한 정성채(앞줄 가운데)

1899년 트란스발 공화국(현재 남아프리카공화국)의 작은 마을 마페킹에서 보어족 사이에 전쟁이 일어났습니다. 당시 영국군 수비대를 지휘한 인물이 스카우트를 창시한 베이든 포웰(Baden Powell) 소장입니다.

포웰 소장은 700여 명이라는 적은 병사를 데리고 전투를 하다가 적에게 포위되지요. 최후 수단으로 마페킹 지역의 청소년을 모아 적의 지형을 순찰하고 상급자의 명령을 전달하게 합니다. 결국 소년척후병들의 활약으로 승리를 가져오게 됩니다.

포웰 소장은 1907년 제대한 후 소년들의 성공적인 정찰 활동을 바탕으로 이들에게 관찰력과 추리력, 유용한 기술을 가르치기로 합니다. 빈부의 차이 없이 다양한 배경의 청소년 22명을 선정한 다음 같은 해 8월 1일부터 9일까지 영국이 브라운시 섬에서 자신이 만든

소년척후단의 산실 서울 종로에 위치한 YMCA(중앙기독교청년회관)

훈련법으로 이들과 야영을 합니다. 세계 최초의 보이스카우트 캠프였습니다.

  1908년 1월 포웰 소장은 『소년을 위한 스카우트 활동』이란 책을 펴낸 뒤 세계 최초로 보이스카우트를 결성합니다. 이 책은 유럽, 미국과 아시아 전역으로 퍼졌고 보이스카우트는 대중적들에게 선풍적인 인기를 끕니다. 이에 각 나라에서도 스카

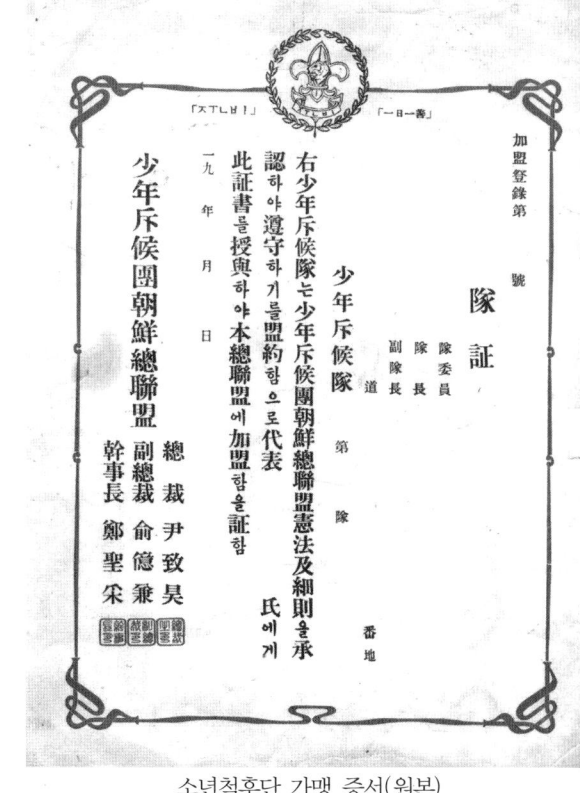

소년척후단 가맹 증서(원본)

우트연맹이 창설됩니다.

아버지는 보이스카우트를 한글로 직역하여 소년척후대라 한 것입니다. 아버지는 야외훈련과 야영생활, 봉사활동 등을 주된 활동으로 삼았던 보이스카우트 정신을 충실히 따랐습니다.

척후소년대가 발족되자 아버지는 어머니의 도움으로 제복의 기능장 기장과 휘장 등을 손수 수를 놓아 만들어서 달아주었다고 합니다.

아버지가 다닌 경신학교는 한국 최초의 수공업 교육기관인 경신수공부(手工部)를 설치하여 실업교육을 실시했습니다. 최고급 수준의 숙련기능을 지닌 기능장(技能長)에 자수장, 자전거 장 등 여러 전문기술 과목이 있었습니다. 아버지는 자수를 잘했다고 합니다.

어머니가 다닌 정신학교도 자수, 서예가 수업과목 중에 있었습니다. 여학교는 일본어 읽기 쓰기, 셈하기 등의 기본 학습 외에 바느질과 재봉, 수예가 주요한 학습과목으로 일제는 현모양처 제일주의로 정숙한 여성상을 강조했습니다. 실 한오라기, 바늘 한 땀 한 땀을 정성들여 놓는 일은 대단한 인내심을 요구하는 일이었지요. 당시엔 자수 전시회도 많이 열렸다고 합니다.

그래서 척후단의 모자나 의복에 붙이는 휘장(徽章)을 만드는데 두 분이 합심한 것입니다. 당시 20대 초반인 두 분이 나란히 이마를 맞대고 앉아 실을 꿴 바늘로 단체를 상징하는 휘장을 만드는 모습을 그려봅니다.

그리고 아버지의 바로 아래 동생인 정영채(鄭永采) 삼촌은 소년척후단 최초의 대원으로 다음과 같은 기록을 남겼습니다.

- 최초의 소년척후대원 정영채의 참가기

『한국보이스카우트 60년사』 인용

정영채는 1914년 5월 4일 서울 종로구 재동 71번지에서 기독교 전도사 정윤수의 6남매 중 2남으로 태어났다. 기독교 가정에서 자란 그는 1922년 가을 종로 2가 소재의 중앙기독청년회 본부에 사무실을 둔 YMCA 소년척후단에 입대함으로써 스카우트 생활을 시작하였다.

소년척후대 창립자 정성채의 동생인 그는 17명의 대원과 함께 첫발을 내디딘 YMCA 소년척후단 창립대원이 된 것이다. 대장겸 간사장을 정성채가 맡고 일제의 탄압 밑에서도 국가와 민족을 생각하는 사명감에 불타며 엄숙한 발대식을 가진 소년척후단은 매 토요일과 일요일에 정기적으로 집회를 가졌으며 이때 지난 일주일 동안 실시하고 일지에 기록한 일일일선(一日一善)의 선행을 보고하였다.

그들은 날마다 착한 일을 하기 위하여 손수레 밀어주기, 휴지와 담배꽁초 줍기, 길 안내하기 등을 했으며 공설운동장이나 넓은 장소에서 열리는 각종 큰 집회를 찾아다니며 자원봉사로 입장과 장내 정리를 도와주었다.

또 매 토요일 집회시에는 한국 역사공부를 통해 애국심을 함양하였고, 여하한 곤궁에 처할 때라도 극복할 수 있는 각종 기능을 속달시켰다. 이렇게 소년척후단에서 습득한 기능은 그의 생활에 많은 도움을 주었다.

특히 구급법과 인공호흡법은 많은 사람의 인명을 구출하는데 크게 도움이 되었다. 1923년 그가 열 살 때에는 서울 삼청동 골짜기 물웅덩이에 빠진 익사 직전의 두 살 된 동생을 건져서 소년척후대에서 배운 대로 물을 토해내고 인공호흡으로 살려내었다. 또 1930년에는 YMCA 대강당에서 있었던 큰 집회에 참석한 청년 한 사람이 무더위에 피로를 이기지 못하고 졸도한 것을 인공호흡으로 갱생시키기도 하였다.

그의 나이 20여 세 때에는 일본 동경고등공과 토목과에 유학하였는데 척후대 생활이 몸에 밴 그는 등하교시에 길 안내하기, 손수레 밀어주기 등의 선행을 늘 하였다.

어느 여름날 동포인 우리나라 노인의 짐수레를 밀어드리자 감격해하던 노인의 기쁨이 잊혀지지 않는다며 70살이 넘은 지금도 길 안내를 위해서 현 거주지인 시흥동의 지적도를 준비해 두고 있다.

그는 학교를 졸업하고 귀국한 1935년 여름에 한강 철교 및 여울목에서 건장한 청년이 물에 빠져 허우적거리는 것을 구출하여 인공호흡으로 갱생시켰으며 1941년에도 중국 산동성 제남(齊南)시 소재 진덕(陳德)회 기념관 내의 실내수용장에서 일군 병사가 허우적거리는 것을 구하기도 하였다.

이것은 오직 척후대에서 익힌 기능과 '척후는 용감할지니라'는 척후 준률을 철저히 지켰기 때문이다. 그는 소년척후대에서 척후의 행동을 몸에 배도록 익힌 것이다. 그것은 위급한 때에 신속한 판단을 하는 힘과 급할 때에도 당황하지 않고 침착하게 행동하는 점이 이를 말해주고 있다.

그는 해방 후 육군사관학교에 입학하여 1948년 10월 12일에 특별7기로 졸업하여 육군대학을 거쳐 1968년 육군 준장으로 퇴역할 때까지 연대장, 부사단장, 육군사관학교 교수 부장 육군본부 보직처장, 정훈학교장 등의 보직을 담당하였다.
　또 상훈으로는 전투무공훈장 충무 4, 화랑 2, 근무공로훈장 3등 1, 5등 1등을 수상하였다. 1969년에는 교회 장로로 피택되었으며 서울연맹 구로지구 고문으로 계속 스카우트 활동을 하였다.

　삼촌의 기록에서도 알 수 있듯이 아버지는 당시 소년운동이 식민지하 조선에서 조직적인 활동을 하기엔 용이하지 않지만 스카우트나 YMCA처럼 범국제적인 조직체라는 특수성에 착안했습니다.
　식민지 교육과 탄압에 눌려있는 소년들에게 기능훈련과 신체훈련을 시켜 선량하고 건전한 시민 양성을 하고 평화의식과 자주독립의 의지를 키워줌으로써 조국 광복을 앞당기는 방법이라고 생각한 것입니다.
　특히 소년척후 단원들의 건강한 신체 훈련과 정신을 함양하기 위해 펼친 다양한 활동 가운데 야영 등 주로 야외에서 이뤄지는 활동은 일제의 감시를 피할 수 있는 유일한 수단이 된 거지요. 민족정신 고취에 더없이 좋은 기회였습니다.
　이것이 본보기가 되어 전국적인 기독교청년회의 조직망을 통해 많은 소년척후대가 생겨났습니다.
　다음은 『한국보이스카우트 60년사』에 나온 자료입니다.

　　현재 척후대 이름이 전해오는 것은 기독교청년회 소년척후단을 위시하여 원산소년척후대, 청진청년회 소년척후대, 용정청소년척후대, 정동소년척후대, 상조소년척후대, 부산소년척후대, 광활청년회 소년척후대, 함흥소년척후대, 당항리소년척후대, 평양기독교청년회 소년척후대, 복계소년척후대, 전주소년척후대, 의정부소년척후대, 개성소년척후대, 목포소년척후대, 강경소년척후대, 조양소년척후대, 안양소년척후대, 대구소년척후대, 대전소년척후대, 회령소년척후대, 철원소년척후대, 사리원소년척후대, 소년척후단 평남연맹, 진남포소년척후대, 광주소년척후대, 배재소년척후대 등 28개이나 광주소년척후대의 대중번호가 35번인 것으로 보아 그 수는 이보다 상회했을 것으로 보인다.

1924년 3월 1일 중앙기독교청년회에서 소년운동을 하는 조선소년척후대와 조선소년군 두 단체가 통합하여 소년척후단조선총연맹을 결성하였습니다. 민족지도자인 월남 이상재 선생이 총재로 추대되고 아버지는 부간사(실무책임자)가 되었지요.

월남 이상재는 제3차 신사유람단 수행원으로 주미외교 서기관을 역임하고 일본, 미국을 시찰하며 새로운 문물 실태를 살펴보았습니다. 내각 총서, 의정부 총무국장 등 요직을 지냈으며 YMCA에서 활동하며 젊은이들에게 힘을 기르고 나라의 바탕을 튼튼하게 하자는 가르침을 주었습니다. 대쪽 같은 성격을 지닌 분인 것은 다들 아시지요.

소년척후단조선총연맹 총재 이상재, 부총재 유성준·신흥우·박창한 회계 김윤수 이사장 두현·이관용 외 8명, 총무 유억겸

1924년 소년척후대와 소년군의 합병으로 소년척후단조선총연맹으로 개칭
이상재 총재(앞줄 중앙), 정성채 간사장(뒷줄 왼쪽 1번째)

부총무 정성채·조철호 간사, 장권 외 4명이 뽑혔습니다.
- 고려서림 『독립운동사』 제10권 대중투쟁사에서 인용

이상재(1850~1927) 소년척후단조선총연맹 초대 총재는 "조선청년은 세계 다른 나라 청년보다 도덕심에서 뛰어나다."며 "결국 이다음 세계를 통일해서 안정되게 만들 사람은 조선 청년에게 있으니 그것에 내가 제일 큰 희망을 가지고 있다."고 연설하기도 했습니다.(일제 침략을 비판하고 청년들의 자주독립 정신을 촉구하는 내용의 7분 21초짜리 연설 '조선청년에게 고함'이 녹음된 1926년 음반 원본, 독립기념관 소장)

1924년 당시 아버지는 박창한과 함께 중국 북경에서 열린 세계보이스카우트 극동지역 잼버리에 한국대표로 참석하기도 했습니다.

그런데 국제적인 조직과 한국적인 조직 사이의 틈이 벌어지면서

故 월남 이상재 선생 장례를 소년척후대가 주관,
앞에서 인도하는 이가 정성채(중앙)

소년척후대와 조선소년군은 다시 두 단체로 갈려지면서 각각 지방조직과 사회 활동을 하게 되었습니다.

아버지의 소년척후대는 기독교청년회가 뒤를 밀어주니 전국적으로 그 조직을 넓혀나갔습니다. 1924년 3월 1일 함경남도 원산에 소년척후군이 설립되었습니다.

1927년 2월 좌우합작 항일단체였던 신간회 결성에 기둥 역학을 한 이상재 선생이 초대회장에, 아버지는 집행위원으로 선정되었습니다. 그런데 한 달 뒤인 1927년 3월 29일 이상재 선생이 향년 76세로 별세 하니 20만 명의 조문객이 모이는 국내 최대 사회장이 치러졌습니다.

무려 246개의 단체가 참여했고 상여를 멘 단체만 136개에 달할 정도로 교회와 상업계, 교육계는 물론 인력거 조합, 기생단, 이발직 친목회, 배달직공 친목회 등 각양각색의 집단이 그의 죽음을 애도하였습니다.

뭐니 뭐니 해도 전국에서 모인 소년척후단원들이 단복 차림으로 북을 치며 행군하며 영구를 장지까지 호송했습니다. 이러한 장엄한 장면은 나라 없고 군대 없는 우리 민족에게 감동과 충격을 주었습니다. 이들은 이후 조국 광복과 새나라 건설을 위한 주역이 되었습니다.

그 후 1929년에 아버지는 일본 구주(九州) 운선(雲仙)에서 열린 보이스카우트 세계 지도자 대회에 조선대표로 참가했습니다.

1924년 소년척후단 제1호대 야외훈련. 뒷줄 중앙 서있는 이가 정성채

1930년 소년척후단 지도자 훈련을 마치고 퇴계원에서 기념촬영
(둘째줄 왼쪽에서 2번째 정성채 간사장, 둘째줄 왼쪽에서 4번째 윤치호 총재)

1928년 개성고려척후대 발대기념, 대장 김홍식

1926년 구호훈련

1927년 소년척후단조선총연맹은 지도자 수양회를 갖고 교양과 야영훈련을 실시. 강사로
정성채(셋째줄 오른쪽 2번째), 현동완(셋째줄 오른쪽 3번째) 참석

1929년 8월 일본 구주 운산에서 열린 지도자 훈련에 참석

대한소년단 사열기념

1929년 8월 일본 구주 운산 지도자 훈련 이수 후 소년활동에 필요한 자료를
구입하여 귀국한 정성채(앞줄 오른쪽에서 2번째)

1930년 개성고려척후대 합동캠프
(이 사진은 정성채의 장손 정범기 목사가 독립기념관에 기증했다)

1930년 서웅 비행사와 함께 한 소년척후대 대원

개성척후대

정성채(왼쪽에서 3번째)와 동지들

1930년 진남포 소년척후대의 수재민 구호활동

1933년 12월25일 인천소년척후대 동정메달 판매기

1933년 인천소년척후대 모습

인천소년척후대

1936년 3월 29일 전주소년척후대 캠핑 기념

소년척후대의 사열 장면

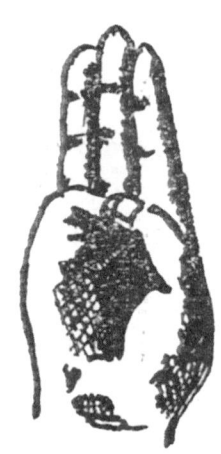

삼지 경례: 스카우트는 하나님과 국가를 공경하고 다른 사람을 도우며
규율을 준수한다는 의미로 세 손가락 경례를 한다.

소년척후교범

소년척후대의 운영방침을 알 수 있는 강령은 정성채가 저술한 『소년척후교범(1931)』에 나타나 있습니다.

아버지는 이 책 서문에서 "소년은 가정과 사회, 국가와 또는 인류 전체에 대하여 가장 귀한 보물이다. 즉 산 보구(寶具, 귀할 보, 보물)이며 신과 같이 창조력을 가진 보구이다."고 강조합니다.

선서
나는 나의 명예상 다음의 삼조를 전심전력하여 실행하기로 서약하나이다.

1. 신과 사회를 위하여 본분을 다 하며 척후 준율을 엄수함
2. 항상 남을 도와줌
3. 덕성을 닦으며 신례와 정신을 건전케 함

척후 준률(斥候準律)
1. 척후는 정직할지니 언어동작에 신실하라.

2. 척후는 충성할지니 신과 사회에 대하여 충실하라.
3. 척후는 도움이 될지니 매일 한 건 이상의 선행이 있으라.
4. 척후는 우애할지니 세계 소년을 형제로 여기라.
5. 척후는 친절할지니 빈약한 자에게 더욱 친절하라.
6. 척후는 인자할지니 동물들을 애호하라.
7. 척후는 순복할지니 부모와 어른에게 복종하라.
8. 척후는 유쾌할지니 곤란을 당할 때 더욱 쾌활하라.
9. 척후는 근검할지니 금전과 시간을 적당히 이용하라.
10. 척후는 용감할지니 위험을 당할 때 굳게 서라.
11. 척후는 정결할지니 신체와 심지를 깨끗케 하라.
12. 척후는 경건할지니 타인의 종교심을 존중히 여기라.

척후 표어(斥候標語)
항상 '준비' 하라

이 강령은 현재 한국스카우트연맹의 선서 및 규율의 내용과 일치합니다. 당시 만들어진 스카우트 정신이 현재까지 이어지고 있는 것입니다.

소년척후교범(少年斥候教範, 크기 세로 19.0cm, 가로 13.0cm, 높이 2.3cm)은 현재 국립 6·25전쟁납북자 기념관에 소장(소장품번호 사증 144)되어 있습니다. 소장품에는 '납북자 정성채(남, 1899.4. 16. 출생)가 1931년 12월 24일 소년

척후단 창설 10주년을 기념하여 각국의 스카우트 교재를 참고하고 만든 교범의 영인본, 1984년 9월 1일 한국보이스카우트연맹에서 발행함. 표지 2장, 본문 300쪽, 색인 13쪽으로 구성'라고 설명되어 있습니다.

 소년척후 단가(團歌)
 작사: 정성채(1931년)

 1. 금수강산 계림반도 내 사랑하는 집
  무궁토록 이름 빛나리
  (후렴)
  무궁화 삼천리 화려한 동산에
  아 우리 소년 척후들 만세 만세 만세
 2. 경신애인 사해 형제 평화의 척후들
  상제께서 보호하사 기리 왕성하리

 단가는 소년척후단 창설자 정성채가 1931년 '소년척후교범'을 발간하면서 작사한 것으로 나라 잃은 청소년들에게 애국심과 얼을 일깨워 주었으며 국내외서 즐겨 부르던 애국가의 곡 Scotish Folk Song 'Auld Lang Syne'에 맞추어 부르게 하였습니다.
 한편 야영생활과 더불어 소년단 활동의 쌍벽을 이룬 뜻있는 독특한 활동은 바로 기능장 취득활동이었습니다. 당시 소년척후였던 김용우(金用雨)는 다음과 같이 회고했습니다.

"본인은 1924년 서울 제3개 정동척후대에 입대하여 김기현 대장 밑에서 소년시절을 보냈으며, 진급과 기능장 취득을 위하여 온갖 정열을 바치며 나날을 보람과 즐거움 속에서 지냈습니다. 자전거장 취득을 위하여는 먼저 자전거포에 가서 헌 자전거 두 대를 분해하여 새로 한 대를 조립하여 서대문에서 동대문까지 왕복한 뒤, 다시 단원 5명과 같이 인천까지 당일 왕복하는 것이었습니다. 도중에서 고장난 자전거를 수리하면서 끝내 서울로 밤늦게 돌아와 느끼던 그 성취감과 만족감은 지금도 잊을 수 없는 추억입니다."

- 김용우 『야영의 모닥불에 키워온 꿈』 서울연맹 20년사, 한국보이스카우트서울연맹 인용

이러한 야영훈련과 기능장 취득 활동 외에도 사회활동으로 청소, 소방, 교량수축, 빈민구호, 재해복구, 교통질서 확립, 농촌계몽운동, 공덕심 앙양활동 등이 있는데 이는 소년척후들에게 봉사와 협동 정신을 길러주기 위함이었습니다.

그 외 운동경기, 웅변대회, 동화회, 연극, 무용, 노래 등 각종 행사도 집단적으로 이뤄져 일제에 대해 은근한 무언의 시위가 되기도 했습니다. 불안함을 감추지 못한 일경은 공공연히 방해를 하고 야영장까지 나타나 감시를 하기도 했다고 합니다.

그러다가 아버지는 1931년 최초의 『소년척후교범』을 집필 발간했는데 단가가 불온하다고 하여 발간 즉시 일경에 압수되었습니다.

단가의 '금수강산 계림반도 내 사랑하는 집/ 억천만년 무궁토록 네 이름 빛나리….'로 시작하는 가사가 항일정신을 나타냈다는 이유

로 일경에 의해 압수된 것이지요.

철저한 신앙과 스카우팅을 통한 2세 교육으로 조국의 자주독립을 달성하려 했던 아버지, 온유하고 독실한 기독교인으로 각종 보이스카우트 정신에 관한 간행물을 지어내는 등 스카우트의 이론과 실제를 체계화 하는데 많은 공헌을 남겼습니다.

소년척후교범(少年斥候敎範)은 외국 스카우트와의 연대를 통한 세계평화의지를 밝혀 군대주의를 철저히 배격하고 일제의 무력식민 통치에 대한 거부 의지를 분명히 했습니다. 청소년들에게 용기와 무사적 기질과 애국심을 주입하여 평화의 척후를 양성하고자 한 것입니다.

아버지는 1933년 어린이날을 맞아 이러한 글을 발표하기도 했습니다.

"자녀를 양육하시는 부모는 그 어린아이들이 언제든지 즐겁고 기쁜 마음을 주도록 하여야겠습니다. 이런 기쁜 마음을 어린아이가 갖도록 하는 것은 어린아이를 씩씩하게 자라게 합니다. 마치 꽃밭에서 물을 잘 주는 것과 같습니다."

식민치하에서 자라는 어린이들에게 원수 의식이나 복수심을 심기보다는 정직과 친절, 봉사와 용감함의 정신을 심어주고자 했던 아버지의 꿈과 희망은 이렇게 전해졌습니다.

그래서 오늘의 스카우트 어린이들은 열심히 일합니다. 그러나 조용히 일합니다. 절대 자신을 내세우지 않고 소리 없이 봉사합니다.

아버지의 이러한 정신과 행동은 1936년 5월, 일경에 요주의인물로 지목되어 YMCA 소년부 간사를 강제 사임 당하는 등 탄압을 받게 됩니다.

일제는 체계적으로 요시찰 제도를 시행했습니다. 요시찰 제도란 배일사상을 품고 식민 지배에 저항하거나 저항할 가능성이 있는 조선인을 주기적으로 감시하는 것입니다. 일본은 요시찰 인물들의 정보를 기록한 명부를 만들어 이용했다는데 민족주의자 기독교 신자는 이를 피할 수가 없었던 거지요.

그해 1936년 8월에는 제11회 베를린 올림픽 마라톤에서 승리의 월계관을 쓴 손기정, 3위를 한 남승룡으로 인해 조선인들은 자부심을 갖게 되었습니다. 이 소식을 보도한 조선중앙일보와 동아일보가 월계관을 쓴 손기정 사진에서 가슴의 일장기를 지워버린 일장기 말소사건이 일어나면서 온 나라가 발칵 뒤집어졌지요. 일본의 식민통치는 기세를 더해 갔습니다.

기독교청년회(YMCA)를 나온 아버지는 1936년 6월, 조선연희 주식회사 부사장으로 취임했습니다. 37년 2월에는 서울 수송교회 장로로 장립됐습니다.

강제해산

 1933년 4월 10일 소년운동단체 대표자회의가 소년연맹회관에서 열렸는데 5월 어린이날 행사를 거족적으로 치르고자 '조선어린이날 중앙준비위원회'를 조직하고 행사 일체를 이 위원회에 맡기기로 결의했었습니다.
 천도교, 불교, 기독교를 비롯하여 조선소년척후대, 조선소년군, 소년소녀 사회단체 대표들이 맡은 부서에서 아버지는 교섭부를 맡았었지요. 5월 첫 공일에 열리던 이 어린이날 행사가 1937년부터 집회가 금지되었습니다.
 소년척후단 조직원이 1만 명이 넘자 일제는 불안했나 봅니다. 1937년 강권을 발동하여 일본의 국책 소년단체인 건아단(健兒團)에 흡수합병을 강요했으나 듣지 않자 결국 소년척후단을 강제해산시키고 말았습니다.
 1937년 발발한 중일전쟁으로 일제는 대륙으로의 침략을 본격화하면서 한반도를 일본의 중국 대륙 진출 전진 기지로 삼은 시대였습니다. 당시 조선사상범 보호관찰령 등을 공포하여 사상 통제를 강화하였지요. 황국 식민지 정책을 강화하고 민족 말살통치를 하면서 조선인을 완벽한 일본인으로 만들려 했습니다. 민족성이 강한 전문학교는 폐교되거나 강제 개명당했지요.

소년척후단이 강제 해산되고 나서 아버지는 신흥우 박사 영도아래 '적극신앙단'을 조직하여 종교를 통한 민족계몽운동을 전개했습니다.

아버지는 신흥우 박사와 여러모로 가까웠습니다. 신흥우 박사는 배재학당 출신으로 개화사상과 함께 기독교를 받아들여 미국 유학 후에 배재학교 교장을 지냈습니다. 1919년 5월 미국 오하이오 주에서 열린 세계감리교 대회에 참석하여 한국 3·1운동의 실상을 널리 알렸습니다.

1920년 YMCA 활동에 투신하여 총무로 재임하면서 1935년 총무직에서 퇴임하기까지 15년간 농촌사업을 개척하여 전세계적인 주목을 끈 인물입니다.

Y총무 재직동안 여러 가지 사업을 전개했는데 그 중 한국 Y를 독립시킨 것이 가장 높이 평가됩니다. 당시 일본 Y에 예속되어 있던 한국 Y를 제네바에서 열린 세계 동맹에 가입시킨(1924년) 것입니다. 1927년에는 장로교와 감리교의 지도자들을 규합하여 사회개혁을 강조하는 '적극신앙단'을 조직했습니다.

사회복음주의 운동은 19세기 후반부터 20세기 초 미국에서 일어난 신학적 운동으로 개인의 구원을 넘어 사회의 기독교화를 꿈꾼 운동입니다. 당시 미국은 산업의 발전에 따른 여러 부작용을 경험하고 있었습니다.

1920년대와 30년대 한국에도 사회복음주의는 영향을 미쳤고 교

1930년 소년척후단 지도자 훈련을 마치고 퇴계원에서 기념촬영
뒷줄 왼쪽 1번째가 정성채

단 사이에 갈등을 빚기도 했습니다. 신흥우는 기독교 사회운동에 대한 확고한 신념으로 기독교의 토착화에 대해 관심을 가졌고 선교사로부터 독립한 한국인 중심의 실천적인 신앙생활을 고민하게 되었습니다. 그 결과 1932년 적극신앙단을 결성했습니다.

신앙선언의 5개 항은 하나님과의 일치, 남녀의 완전한 평등, 완전한 자유, 경제 문화 정신적 생활의 승등적(昇登的) 균형과 안전 등입니다.

이 적극신앙단의 결성은 흥업구락부(興業俱樂部)부와 관련 있습니다. 1925년 3월 흥업구락부는 신흥우가 이승만과 논의하여 결성한 기독교 및 기호파 계열의 항일 비밀결사입니다. 1930년대 들어서 내분 사태가 일자 신흥우가 흥업구락부내의 비기독교 자본가 세력을 배제하고 순수 기독교인 중심의 신앙운동을 추구하고자 적극신앙단을 결성한 것입니다.

1937년 중일전쟁 발발이후 일제의 한국 독립운동가 탄압이 대대적으로 이뤄지는 과정에서 1938년 2월~9월 사이에 신흥우, 구자옥을 포함하여 아버지도 서대문경찰서에 검거되어 옥고를 치르다가 해방을 맞이했습니다.

1945년 조국이 광복되자 아버지는 스카우트 재건에 앞장서서 이듬해 '대한(大韓)보이스카우트 중앙연합회'를 발족시키는 주역으로 중앙연합회 중앙위원에 취임했습니다. 1947년에는 대한소년단으로 개칭되었고 아버지는 제3대 간사장으로 취임했습니다.

김석원 한국보이스카우트 창설자 동상건립위원회 위원장은 동상제막식에서 다음과 같은 식사를 했습니다.

"정성채 선생은 소년척후단을 창설하신 분으로 스카우트 운동의 우수성을 일찍이 깨달은 스카우팅의 위대한 선구자이셨습니다. 선생은 소년과 함께 청춘을 불사른 소년운동가이자 훌륭한 종교선도자이셨습니다." (1988년 12월 9일)

'소년대 대장교범'에 소년단의 독특한 활동을 '스카우팅(Scouting)'이라고 정의한 후 이를 '놀이'라고 풀이합니다. 그리고 이 놀이는 재미있고 모험이 따르고 우정이 넘쳐서 소년들의 마음을 사로잡을 수 있어야 하고 그렇지 못하면 아무런 효과도 없다고 하였습니다.
        - 김정의 『소년단 활동을 통한 놀이』의 보급에서 인용

봉사활동

아버지는 소년척후단을 창립한 이래 일제 치하에 신음하고 있는 같은 핏줄의 동포들을 돕고 우리 국토를 보호하고 가꾸기 위해 사회봉사를 중요시했습니다. 단원들과 함께 빈민구호, 재해복구, 청소, 교통질서 확립, 민중계몽 활동 등의 봉사활동을 적극 전개하였습니다.

이러한 활동은 강령과 군율을 실천하는 스카우트 정신의 생활인 동시에 나아가 조국과 민족을 구하자는데 그 목적이 있었지요.

1927년에는 재만(在滿)동포 한인소년들을 돕기 위해 일반인을 대상으로 일인당 1전 이상의 동정금(同情金) 모금 운동을 전개했으며 1930년 8월에는 삼남지방 대홍수로 수많은 수재민을 돕고자 5일동안 수해구호모금 운동을 벌였습니다.

1930년 12월에는 빈민 구제를 목적으로 동정 메달을 제작하여 판매 그 수익금으로 빈민가를 방문하여 위문품을 나눠주기도 하였지요.

이러한 행동은 전국적인 청년운동으로 번져 나갔습니다.

재만주 동포를 돕는 대책을 강구 하자는 움직임이 있었고 1927년 1월에는 대구 시내 빈민들에게 설을 맞아 떡을 나눠주기 위한 동정금 모금도 시행되었습니다. 가뭄, 수해 기아, 수해 등 자연재해 구휼사업, 도시 빈민 구제 운동이 전국적으로 시행되었습니다. 또 학교 운영 기금을 모금하기 위해 지역 주민들이 성원하기도 했지만 이 모든 일들이 일본 경찰의 탄압으로 무산되는 일이 빈번했습니다.

아버지는 1935년 조선연예주식회사/ OK 레코드 회사 부사장으로 취임하고 서울 수송교회 장로로 장립되었습니다. 1935년 5월 12일, 승동교회에서 분리된 곳이 수송교회입니다. 수송교회 설립에 아버지를 비롯한 홍병덕, 이정진, 나재하, 임전순 등 120여 명의 성도들이 합심 협력하여 제도도, 조직도 초월한 순수한 교회로 발족하였습니다.

그리고 드디어 1945년 해방을 맞았습니다.

일제하에 신음하던 우리나라의 광복이었습니다. 8월 15일 낮 12시 일본은 연합국에 무조건 항복을 했습니다. 일본은 패전국이 되었고 조선총독부에 걸렸던 일장기가 내려가고 성조기가 올라갔습니다. 1945년 9월 미국에 의한 군정이 실시된 것입니다.

미국과 소련은 조선의 분할 통치를 시작했습니다. 미 군정처는 진주 직후 일본인들의 재산을 몰수하고 그들을 일본 본토로 송환했습니다.

아버지는 1945년 소년 운동 및 종교계의 인물로 발탁되어 미군정청 민정관실 감찰과 차장으로 취임했습니다. 감찰과는 단체 규율, 구성원 행동 및 업무를 파악하고 조사하며 복무 기강을 확립하는 곳입니다.

1946년 한국공사(사장 신흥우)가 설립되고 아버지는 부사장이 되었습니다. 한국공사는 신한공사(新韓公社)를 말하며 미 군정 법령에 의해 설립된 일제 귀속 재산을 소유 관리한 회사입니다. 식민지 시기 동양척식회사의 소유였던 토지와 일본인 소유였던 토지를 관할하여 그 보전과 이용 및 회계 등을 담당했습니다. 그 후, 1948년 3월 신한공사는 중앙토지 행정처에 모든 것을 넘기고 해산하였습니다.

1946년 동아일보(1946년 1월 25일자)는 「학무국, 조선소년군 재편성 준비위원회 개최」 제목 하에 아래와 같은 기사를 게재합니다.

> 앞서 군정청에서는 조선군사단체를 일체 해산시키기로 되어 그 중에 소년군도 포함시켰으나 소년군의 정당한 발전을 꾀하고자 재편성할 계획을 세우고 있다. 이에 군정청 학무국에서는 소년군 운동에 공헌이 많은 정성채와 구자옥 종교예술과장, 최승만, 파레 대위 등 4인을 소년군 재편성위원으로 정하여 25일 준비위원회를 열고 구체안을 세우기로 되었다. 구체안이 성립되는대로 조선소년군도 국제소년군의 장정(章程)에 따라 18세 이하의 소년군에 한하여 참가케 하고 국제소년군과도 정식 연락을 취하게 되었다.

소년척후단, 한국 보이스카우트를 창설한 아버지는 조선 소년군 재편 준비위원에 위촉되었습니다. 1947년 영자신문인 합중일보(合衆, The Union Democrat, 사장 신흥우)가 창간되면서 아버지는 부사장, 발행인겸 편집국장으로 취임했습니다.

1948년 12월에는 대한소년단 단지 '소년단'을 창간했습니다.

1948년 5월 10일 총선거가 실시되고 대한민국 제1공화국이 출범했습니다. 대통령 이승만, 부통령 이시영이었습니다.

아버지는 1948년 미국 경제협조처의 E.C.A.농림부 담당 한국 책임자에 임명되었는데 이곳은 대한민국에 대한 미합중국의 경제 원조 계획을 책임지는 곳이었습니다.

이 단체에서 아더 번스(Arthur. C. Bune 1901~1953)는 매우 중요한 인물입니다.

제2차 세계대전 종결 후 미군과 소련이 38도선을 경계로 한반도의 남과 북에서 점령통치를 각각 실시했지요. 미군정 책임자는 존 하지(John R.Hodge)였고 하지의 국무부 경제 참모로 한국에 부임한 사람이 바로 아더 번스였지요.

1920년대 후반 세계 대공황의 심화로 한국 농촌이 피폐하던 시기, 기독교 청년회 YMCA 초빙으로 한국에 왔던 아더 번스는 6년간 함흥지역을 중심으로 농촌의 갱생을 위해 노력했습니다. 농업 인구가 80% 이상인 상황에서 농촌 문제를 곧 한국 경제의 문제였지요.

그가 미 군정의 경제 문제 책임자로 와서 대한민국 정부 수립 후 한국 구호와 부흥 계획을 위한 원조를 책임지는 자리인 E.C.A. 한국 지부장으로 한국전쟁 발발 직후까지 활동한 것은 우리에게 고마운 일이었습니다.

아더 번스가 미 군정하에서 작성한 '농지개혁안'은 해방 후 미 군정과 신생 대한민국이 실시한 농지개혁안의 기초가 되었다고 합니다. 당시 국내자원이 매우 부족할 때라 미국이 제공한 원조에 의존했으며 1948년 12월에는 미국 정부와 경제원조 협정을 최초로 체결하였습니다.

  1948년 소년척후단조선총연맹이 대한소년단(제3대 백낙준 총재 취임)으로 개칭 재조직하고 초대 간사장으로 소년척후대를 창설한 정성채, 아버지가 취임했습니다.

  아버지는 승동교회에서 분리된 수송교회를 열심히 섬기면서 이웃에게 봉사활동을 쉼 없이 하면서 성도의 의무를 다했습니다. 교회 공동체에 속한 모든 사람이 교회를 섬기고 성도를 돌보는 일에 참여하는 일은 당연한 책무였지요.

  그러다가 아버지는 1949년 7월, 주일대표부에서 일하게 되면서 일본으로 가게 되어 이창호가 대한소년단 간사장직을 대행하게 되었습니다.

6·25로 납북

　아버지는 주일한국대표부 특명전권대사 겸 주일연합군 사령부 파견 외교사절단장 신흥우의 수석비서관으로 일본에 부임했습니다. 그리고 6·25전쟁 2~3개월 전인 3월에 한국으로 귀국했습니다. 그리고 한국 민족의 최대 비극인 6·25가 터졌습니다.
　6월 25일 38선을 넘은 북한군은 한반도를 피로 물들이기 시작했습니다. 수많은 사람들이 죽었고 산 사람도 언제 어디서 죽을지, 끌려갈지 모르는 불안한 나날이었습니다.
　6월 28일 새벽, 한강 인도교와 경부선 철도, 경인선 철교가 폭파되었습니다. 한강을 건널 수 있는 유일한 다리인 인도교가 인민군이 도착하기 여섯 시간 전에 폭파된 것입니다.
　이승만 대통령은 이미 그 전날인 6월 27일 새벽 2시 서울역에서 대전행 특별열차에 몸을 실었지요. 27일 오전 8시 인민군은 의정부를 지나 창동까지 진입했으나 이를 시민들에게 알리지 않았습니다. 같은 날 오후 10시, 녹음된 이 대통령의 목소리가 방송을 통해 흘러나왔습니다.

"유엔에서 우리를 도울 테니 국민들은 당분간 참고 있으면 적을 물리칠 수 있으니 안심하라."

한강 인도교 폭파로 피난가지 않은 수많은 시민들이 고립되었습니다.

인민군 치하에서 아버지는 불안했을 것입니다. 그러나 겉으로는 평소 온유한 성품 그대로 조급해하는 모습을 보이지 않았을 것입니다. 당시 모든 사람들이 피난을 가는데 아버지는 피난을 반대하며 '그들도 사람인데 설마…' 하며 믿은 거지요.

아마도 '혼자 피신해서 가족들에게 해를 끼치느니 나 혼자 희생하여 온 가족이 살 수 있다면 내가 희생하는 게 낫다'고 한 것 같습니다.

그해 8월 29일 서울에 침범한 북한 괴뢰에 의해 아버지는 살던 집에서 강제 납치되었습니다.

당시의 납치 정황을 첫째 형 정찬모는 이렇게 회고했습니다.

"8월 29일 아침 6시경 빨치산 3명과 지방 공산당원 2명 모두 5명이 찾아와서 아버님이 소장하고 있던 단복과 배지(세계연맹준회원 기념배지), 권총(당시 소장품)을 압수했습니다. 아버님과 나를 연행해 가던 중 '동무는 연행 지시가 없으니 돌아가라'고 하여 나만 집으로 돌아와 피신했는데, 나중에 알고 보니 나를 납치하러 그날 다시 왔었답니다."

"납치되기 전에 이창호(李昌鎬), 유광열 등 여러 분으로부터 피신 권고를 받았으나 결코 듣지 않으셨습니다. 나도 그때 처음으로 기념 배지를 보았는데 어떻게 그들이 그런 상세한 것까지 알고 뺏어갔는지 모르겠습니다."

막내인 나는 이렇게 기억합니다.

"아버지가 납치되기 2~3주 전이었습니다. 어려서부터 말을 타고 달리는 사람들이 멋있어 보였어요. 그래서 아버님께 말을 사달라고 했더니 아버님은 그래, 말이 얼만가 알아보자 하셨어요. 아버지는 어린 아들의 말도 뭐든지 무시하지 않고 존중해서 들어주었습니다. 그런데 며칠 후 재동 집으로 가는 길에 마차가 지나가길래 마부 아저씨에게 "말 한 마리가 얼마입니까?" 하고 물었더니 그 값이 상당히 비쌌어요. 그런데 마부의 뒷말이 "어떻게 기르려고?" 하는 것이었어요. 그래서 어린 나이에도 마굿간이 있어야겠고 먹이는 어떻게 주어야 하는지, 하고 말을 키울 걱정을 하게 되었지요. 나는 고민이 되어 아버님에게 말을 더 이상 하지 않았지만 속으로는 포기하고 있었습니다. 그런데 말에 대한 이야기는 더 이상 나누지 못한 채 아버님과 영영 헤어지고 말았습니다."

아버지는 이렇듯 어린 아들이라고 함부로 대하지 않았습니다. 아들이 하는 이야기가 터무니없고 엉뚱해도 일단 다 들은 다음, 그래 같이 의논해 보자 하는 포용력과 진정한 사랑으로 아들을 키웠습니다.

아버지가 납치될 당시 첫째와 둘째형은 결혼해 가정을 꾸리고 있었습니다.

1950년 9월 28일 우리 UN연합군과 국군이 서울을 탈환하여 나는 어머니와 함께 있게 되었습니다. 어머니는 다음날 아침 일찍 나를 흔들어 깨웠습니다.

"함께 가보자."

종로 경찰서로, 서대문 형무소로 아버지가 갔을 만한 모든 곳을 어머니는 아버지를 찾아다녔습니다. 납치된 인사들을 잡아서 총살했다는 장소 3~4군데를 모두 돌아다니면서 아버지의 시신을 찾아 헤매었습니다.

그때 어머니의 심정이 얼마나 막막하고 어두운 지옥 같았을까요. 어린 나는 그 심정을 잘 몰랐지만 내 나이 80대 중반이 된 지금, 그때의 어머니 가슴이 얼마나 아팠을까 싶어서 생각만 하면 지금도 가슴이 먹먹해 집니다. 아버지 시신이라도 찾아야 한다는 절박한 마음이 힘들고 피곤한 줄도 모르고 몇날 며칠을 밤잠 안 자며 찾아다녔을 것입니다.

아들들의 보이스카우트 활동

아버지와 어머니, 일곱 아들이 있는 가정생활은 평화로웠습니다. 재동 54의 10번지 한옥에서 온 가족이 함께 살던 기억이 단편적으로 남아 있습니다.

나는 막내인지라 안방에서 부모님과 같이 잔 기억이 납니다. 다른 형들은 각자의 방에서 잤으나 나는 부모님과 잠도 같이 자고 밥도 같이 먹었습니다. 아버지는 가끔 미제땅콩이 든 작은 캔을 갖고 집으로 오셨는데 나에게만 그 땅콩을 주시기도 했습니다.

집에서 가정예배를 드릴 때도 있고 주말에는 다 같이 교회에 나가면서 단조롭지만 평온한 생활을 했습니다. 7형제 중 네 아들이 아버지가 창시한 한국 보이스카우트 활동을 한 일도 의미 깊었습니다.

첫째 찬모 형은 아버지를 이어서 소년단 활동을 했습니다. 1971년 한국보이스카우트 사무총장에 취임하여 현 여의도에 있는 한국보이스카우트 회관 건립에 커다란 공적을 남기기도 했지요.

아래는 형님의 한국 잼보리 참여기입니다.

- 장남 정찬모의 한국잼보리 참여기
우리 모두 모이자 잼버리의 광장으로

오늘 우리는 창립 50주년의 뜻깊은 해를 맞이하여, 그동안 우리 누구나가 소망하며 기다리던 '50주년 한국 잼버리' 개최의 결실을 보게 된 것을 전국의 대원 및 지도자 여러분과 함께 기뻐하는 바입니다.

친애하는 스카우트 여러분!

잼버리를 각 지방과 지역, 그리고 외국의 낯선 얼굴들을 우정으로 결합시키고, 스카우트 서로 간에 신의를 갖게 함으로써 우리의 이상을 실현키 위한 가장 큰 행사인 것입니다. 그러므로 이번 서삼릉에서 6박 7일동안 펼쳐질 50주년 한국 잼버리는 재언할 필요도 없이 50년 전 우리의 선배님들이 이 땅 위에 스카우팅을 싹틔워 준 그날을 기념하고, 평소에 대원들이 똑같이 닦아 온 스카우트 기능을 한 자리에서 겨뤄볼 수 있는 계기를 마련하며, 나아가서는 이 제전에 참가하는 모든 외국대원들에게 한국 스카우트의 참된 우정을 보여줌으로써 보이스카우트가 지향하는 공동의 목적을 달성하는데 그 의의가 있는 것입니다.

무릇 평화와 번영을 지향하는 오늘날의 조류 속에서 세계의 모든 청소년들이 스카우팅을 통하여 하나의 세계로 굳게 결속하려는 노력이 우리들의 50주년 잼버리 광장에서 더욱 진전 될 것을 생각할 때, 오늘의 이 제전이야말로 우리 스카우트사에 길이 빛날 또 하나의 전전이 아닐 수 없습니다.

이처럼 뜻 깊은 50주년 잼버리 개최에 즈음하여, 본인은 8월 10일 서삼릉 잼버리의 광장으로 모일 전국의 5천여 대원 여러

분들이 뜻과 힘을 모아, 우정과 형제애의 구현에 최선을 다해 줄 것을 진심으로 기대하고 있습니다.

그리하여, 대원 여러분의 힘이 진실로 나라의 힘이 되고, 또 그 힘을 갈수록 축적되어 조국의 평화와 번영을 가져오는데 조금도 부족함이 없기를 바라는 바입니다.

전국의 스카우트 여러분!

잼버리는 오직 스카우트 여러분만이 누릴 수 있는 특전입니다. 그러므로 우리 모두 참가하여 잼버리의 영화를 밝게 비쳐야 하겠습니다.

영화의 불꽃이 밤하늘 높이 치솟고, 잼버리의 행진곡이 우렁차게 울려 퍼질 서삼릉 광장에서 다시 만나 여러분들과 이 기쁨을 함께 나눌 것을 약속하는 바입니다.

1972년 6월 10일
50주년 한국잼버리
야영장 정찬모

둘째 찬주형은 초창기에 활동했습니다. 차남 정찬주(1925년생)**가 그리는 아버지의 이야기입니다.**

'비범 중에 평범함을 지녔던 아버지'

자손이 부모를 평하는 불효를 무릅쓰고 나의 아버님을 한마디로 표현한다면 비범한 범인이요 평민 중의 평민이라고 표현할 수 있을 것이다.

신용을 지키는 것과 남에게 절대로 폐를 끼치지 않는다는 생활신조를 가지고 계셨으며 부정과 불합리와는 타협을 못하시는 신앙심이 무척 깊으신 분이셨다.
 그래서인지 친구분들 사이에 별호가 '면도칼'이라고 어머님께서 귀띔해 주신 적이 있었다. 그럼에도 불구하고 아버님께서는 우리 형제들을 한 자리에 모아놓으시고 특별히 근엄한 말씀을 하신 적은 없으셨다. 오히려 다분히 대화적이고 생활에 도움이 될 만한 교훈적인 이야기나 책에서 읽으신 당신이 좋아하시는 개(犬)에 관한 일화를 즐겨 들려주시곤 하셨다.
 우리들의 잘못을 걱정하실 때에도 어렸을 적에는 가끔 말씀만 요란하신 매를 드신 일도 있으셨으나 우리가 중학생이 된 이후로는 당신의 생각에 어긋나는 행동을 하거나 그릇된 생각을 가졌을 때에는 '그래서는 안된다' 하시거나 '그러지 말아라' 하시는 명령이 아니라 '너의 언행에 대한 책임을 네 스스로가 질 줄 알아야 한다', '나는 네가 하고자 하는 일 또는 너의 생각에 대하여 이러저러하게 생각하는데 너는 나의 말을 어떻게 생각하느냐는 식으로 당신의 의견을 말씀하셔서 본인 스스로가 자기 생각과 행동에 대하여 재고하게끔 유도하시는 것으로 걱정을 대신하셨다.
 부모로서 자손의 의견을 최대한으로 존중하여 주시니 우리 형제들은 호통을 치며 나무라시는 직접적인 걱정의 말씀보다 더한 감명을 받곤 했었다.
 특히 우리들이 성인이 된 후에는 우리들에 대하여 어머님이 걱정을 하시면 이젠 독립된 인격체이니만큼 너무 신경 쓰고 간섭하지 말라고 말씀하시곤 하셨다.
 이러한 아버님의 성격이 그대로 소년척후단 창립정신으로 이어져 중앙기독교청년회 소년부 간사로 재직 중이던 1922년 소년부원들을 대상으로 조직한 소년척후단은 철저히 스카우트 원리를 그대로 적용하였다.

그리고 아버님은 그 교훈을 받은 청소년들이 우리나라 독립운동의 밑거름이 되기를 기대하셨을 것이다. 그러므로 아버님께서 당신 스스로가 행하시는 일상생활은 그 자체가 우리 가족에게나 주위 사람들에게 모범이요, 교훈이었다.

나의 어머님은 아버님이 6·25동란 때 납북되시기 전까지 남편에 관해서는 전혀 걱정하실 일이 없었으므로 연세가 드셨어도 새색시 모양 아름다우셨다. 아버님께서 술담배는 물론이요, 가정과 당신이 하시는 사회생활 이외에는 관심을 갖지 않으셨으니 어머님의 마음은 항상 평안하셨다.

부친의 관심사는 오직 가정, 직장, 교회, 그리고 사명처럼 생각하시는 소년운동 뿐이었다. 아버님께서는 평생을 직장생활을 하셨지만 언제나 시계 같은 정확한 생활을 하셨다. 출근시간은 물론 퇴근시간도 궤도 위를 달리는 전차처럼 정확하셨다.

일년에 한 번 정도의 사랑싸움과 한 달에 한 번 정도 신흥우 박사님 댁에 들러 오시는 것이 궤도 이탈의 전부라 할 수 있었다. 물론 후자의 경우에도 저녁식사는 신박사님 댁에서 드실 것이니 집에서 준비하지 말라든가 늦어도 집에 들어가서 드시겠다든가 하고 사전 연락을 하셔서 가족에게 불필요한 신경을 쓰지 않도록 배려하시는 것을 잊지 않으셨다.

또한 부친께서는 신용을 생명처럼 여기시는 분이셨으니 언행이 일치함은 물론 일의 대가가 아닌 보수나 재물을 받지도 주지도 않으셨다.

내가 초등학교 시절의 일이다. 길에서 십 원짜리 지폐를 취득하여 동네 파출소에 신고하고 신고필증을 받아서 보관하고 있었다. 그 당시 '왜국수(우동)' 한 그릇이 삼전 하던 시절이었으니 십 원이면 상당히 큰돈이었다.

파출소 순경이 말하기를 일정기간 분실한 당사자가 나타나지 않으면 너의 돈이 될 수도 있다는 말에 혹시나 하는 기대감에 소중히 간직하고 가끔 남몰래 꺼내보곤 하였는데 어느 날 그 광경을 아버님께서 보시게 되었다.

아버님께서는 말씀하시기를 네 돈이 아닌데 왜 그 서류를 가지고 있고 또 잡념을 버리지 못하느냐. 버리는 것이 옳다고 생각한다고 말씀하셔서 눈물을 흘리면서 찢어버린 사건을 평생토록 잊지 못할 아버님에 관한 추억 중의 하나이다.

어머님께서 우리에게 '너의 아버지는 당신의 털을 뽑아서 당신에게 심으시는 분이다' 하고 말씀하신 적이 있다.

해방 전 레코드 회사의 부사장으로 계실 때의 일이다. 재정이 빈곤하여 고리대금을 써야 되는데 대금업자가 사주인 사장 요청에는 응하지 않고 부친과의 조약에 의해서 돈을 빌려주곤 하였다. 왜냐하면 부친은 빌린 돈의 갚은 날을 하루도 넘기는 일이 없는 사람으로 굳게 믿고 있었기 때문이다.

이처럼 아버님은 치밀함 속에 대범하시고 칠형제를 양육하시는 생활의 고뇌 속에서도 낭만을 가지신 분이셨다.

한편 아버님은 다재다능하셔서 동양자수도 잘 놓으셨다. 보이스카우트 초창기에는 기능장을 어머님과 두 분이 손수 만드셨다고 한다. 수영, 스케이트, 야구 등 운동에도 능하셨고 또 노래도 잘 부르셨다.

찬송가를 모두 암기하셔서 언제나 찬송가책을 보지 않으시고 부르셨다. 바이올린은 물론이고 올갠과 피아노도 그 당시 아마추어 이상의 실력을 가지셨다.

　아버님의 이러한 인간적이며 완벽주의적인 생애는 선천적인 성격에 더하여 우리나 개화의 선구자이신 월남 이상재 선생님의 인격적 영향과 신흥우 박사님의 지도와 부친 스스로의 노력에 의해서 이루어진 것 아닌가 라고 생각된다.

　다시 한 번 나의 부친은 비범 중에 평범한 분이라고 말하면서 한편 아버님이 생존하셔서 혼탁한 우리나라의 현실을 보시면 감회가 어떠실까 생각해 본다.

다섯째 아들 찬세는 세브란스(연세대학교 의과대학) 재학시 보이스카우트 지도자로 활동했으나 졸업을 몇 개월 앞둔 1956년 11월 5일 하나님 품에 안겼습니다. 우리 형제의 가슴에 못을 박은 안타까운 일이었습니다.

일곱째 막내인 나는 부산 피난시절인 토성초등학교 시절, 어머니의 손에 끌려 피난 온 보이스카우트 연맹을 찾아갔습니다. 서울 제25대로 들어가서 제1회 잼보리 대회도 참여했지요.

　피난지에서 토성초등학교를 1년 다닌 후 졸업을 하고 피난 나온 배재중학에 입학하여 다니다가 서울로 올라왔습니다. 고등학교 2학년 때 학교의 허락을 받아 13명으로 보이스카우트 제72대를 조직하였는데 졸업시에는 회원이 30명이 될 정도였습니다.

　고등학교를 졸업한 다음 해에 정부는 교육부에서 전국의 각 학교에 보이스카우트를 조직하라고 지침을 전달했고 당시 박정희 대통령은 보이스카우트 명예회장이 되었습니다.

나는 연세대학교에 들어가자마자 보이스카우트 양성을 위해 연세대 7명으로 시작하여 그해 제10회 잼보리 대회에 7명 전부 참가했습니다. 3개의 대학에 보이스카우트를 만드는 등 8년 동안 열심히 활동했지요.

나는 아버지를 닮았는지 운동도 잘하였습니다. 아버지도 축구, 농구팀에서 골키퍼를 했고 야구도 잘 했습니다.

대학시절에 백낙준 보이스카우트 총재로부터 헌신적인 보이스카우트 활동으로 인해 표창장을 받은 적이 있습니다.

"아버지가 살아있었다면 아버지로부터 직접 받을 수도 있었는데, 표창장을 아버지한테 보여드리고 싶다, 자랑하고 싶다."

그날 나는 아버지 생각이 더욱 났습니다. 보고 싶고 그리웠습니다.

70대 후반인 나는 지난 2018년 5월 19일 한국보이스카우트에서 일하는 조카 정찬수 법무사의 권유로 한국스카우트 평생회원으로 가입 신청했습니다. 다시 한국스카우트 대원이 된 것입니다.

1971년 한국보이스카우트 사무총장으로 봉사한 장남 정찬모
(뒷줄 외국인과 악수하는 이)

1956년 5남 정찬세(오른쪽 1번째)

7남 정찬민(왼쪽 1번째 서 있는 이)이 1952년 배재고등학교 내에 제72대를 조직했다.

1958년 배재고등학교 졸업기념. 7남 정찬민(앉은 자세로 오른쪽 1번째)
이태환 간사장(앉은 자세로 오른쪽 2번째)

필리핀에서 개최된 제10회 세계잼보리 대회에 연세대학스카우트클럽(지도자 양성대) 대원과 문교부 관계자들. 뒷줄 오른쪽 2번째가 정찬민

창립 103주년 한국보이스카우트

　스카우트 운동은 1907년 영국에서 시작되어 현재 164개국 3,800만 명 이상의 청소년과 성인, 남녀 모두가 참여하는 범세계적인 운동입니다. 한국은 1922년 소년척후대와 조선소년군의 창립으로 활동을 시작했고 현재 21개 지방 특수 연맹과 6,000여 개의 단위대에서 30만 명이 활동하는 우리나라 최대, 최고의 청소년 운동이지요.

　1922년 민족의 미래를 이끌어 갈 청소년 교육의 중요성을 인식하고 새로운 시대를 준비하는 주역을 양성하기 위해 스카우트 운동은 시작되었고, 일제강점기 항일운동, 한국전쟁 기간 중 구호활동 등을 전개하며 대한민국의 발전과 함께 성장해 왔습니다.

　1945년 광복과 더불어 활동이 재개되고 1946년 3월 사단법인 대한보이스카우트 중앙연합회라는 명칭으로 재건되었습니다.

　1947년 8월 조선소년단으로, 1948년 국호 변경에 따라 대한소년단으로, 1966년 2월 사단법인 보이스카우트한국연맹, 1968년 4월부터 사단법인 한국보이스카우트연맹, 2002년 1월 사단법인 한국스카우트연맹으로 연맹 명칭이 변천되었습니다.

현재 한국스카우트연맹 본부는 서울시 영등포구 국회대로 62길 14, 한국보이스카우트 연맹회관 10층에 있으며 중앙훈련원(서삼릉청소년야영장)과 곤지암야영장이 있습니다.

우리나라의 보이스카우트 운동은 1951년 1월 부산에 임시중앙본부가 설치되어 스카우트 활동을 전개하였으며 1952년 8월 피난지 부산 일광해변에서 제1회 한국 잼버리를 개최하였습니다. 피난지 부산에서 치안유지를 돕고 구호활동을 벌이어 소년들에게 나라를 위한 충성에 이바지하도록 하였습니다.

1953년 1월 31일 세계연맹회원국으로 정식 가입하여 국제적인 인정을 받게 되었고 1983년에는 우리나라가 처음으로 세계연맹 이사국으로 피선되었습니다.

1991년에는 전 세계 스카우트들이 올림픽으로 꼽히는 세계 잼보리 대회를 치르고 2002년에는 여성에게도 문호를 개방하고 단체 이름을 '한국 보이스카우트연맹에서' 보이(boy, 소년)를 떼어냈습니다.

지난 2022년 한국 보이스카우트 운동 100주년을 맞아 지난 100년을 되짚어보는 『한국스카우트운동 100년사』 편찬과 함께 100주년 디지털 역사관, 100주년 기념공간 조성 등 특별사업이 전개되었으며 2023년 제25회 세계 잼버리 대화가 전라북도 새만금에서 열었습니다.

한국 보이스카우트는 2025년 현재, 창립 103년을 맞았습니다.

스카우트 활동은 대인관계 능력, 협동정신, 책임감, 배려 실천, 존중과 존경의식, 소통능력, 정직과 도덕의식, 나눔정신, 대원간 평등함, 예절의식, 효의식 등 인성함양에 좋은 영향을 미치고 있습니다.

그뿐 아니라 스카우트 활동에 참여한 청소년들은 학교생활에 대한 즐거움과 일상생활의 행복감이 향상된 것으로 나타나고 있습니다.

요즘들어 아버지 생각이 자꾸 납니다.

23세 청년인 아버지는 1922년 9월 30일 소년척후대를 창단하고 한국 소년단운동의 효시가 되었습니다. 조국을 찾을 희망을 소년에게 건 아버지, 단단한 신앙심으로 무장한 채 보이스카우트 운동에 매진한 아버지, 국제적으로 공인된 스카우트 운동은 일제도 막을 수가 없었던 것입니다.

세계 청소년들과 어깨를 나란히 하고 형제애를 나누는 자리를 마련한 정성채, 그분이 아버지임이 자랑스럽습니다. 한국스카우트 운동의 선구자 정성채, 아버지가 뿌린 씨앗이 싹을 트고 자라 거대한 나무가 되었습니다.

한국스카우트연맹 서삼릉 중앙훈련소 정문 앞에 있는 정성채 흉상

2부

어머니의 사부곡(思夫曲)

평범하고 행복한 가정

　존경하는 남편과 사랑스런 아들 7형제를 층층이 두고 재동 한옥집에서 오순도순 모여 살던 그때가 어머니 삶에서 가장 행복했던 것 아닐까요?
　아버지 없는 42년 세월을 어머니는 어떻게 견뎌냈을까요? 남편과 아들 7형제가 함께 밥 먹고 잠자고 사소한 일에도 하하 웃던 그 추억으로 살았겠지요.
　우리 집은 큰 소리 없이 하루의 일상이 무난하게 흘러가는 평범한 집이었습니다.
　알젓을 좋아하는 남편의 식성대로 어머니는 부엌에 온갖 종류의 젓갈들을 늘 구비해 놓았겠지요. 냉장고가 없고 소고기, 돼지고기 등의 육류는 잘 사는 집 아니면 명절이나 특별한 날에 맛볼 수 있던 시기였습니다.
　여러 가지 일에 종사하느라 바쁜 아버지였지만 저녁 약속은 거의 하지 않았고 아버지는 늘 우리와 같이 저녁을 드셨습니다. 밥상에 앉은 아버지는 일곱 아들들의 식사하는 소리를 들으며 참으로 흐뭇

했을 것입니다.

그 시절 아버지는 우리들을 바닷가에 데리고 가서는 우리 7형제를 순서대로 나란히 세워놓고 사진을 찍어주었습니다. 고만고만한 7명의 아들을 카메라에 담는 아버지의 눈은 얼마나 훈훈하고 따뜻했을까요.

성격이 온순한 아버지를 닮아 아들들 모두 성격이 온순했습니다. 남자들이 그득한 집안이지만 큰 소리가 난 적이 별로 없습니다. 조용히 자기 일을 하거나 공부를 했고 시간이 나면 교회에서 봉사활동을 하는 아들들, 자라면서 큰 말썽을 피지도 않았던 것입니다

이 평범한 집의 평화가 6·25전쟁으로 깨어졌습니다. 한 집안의 가장이 실종된 거지요.

아버지는 그날 이후 한 번도 볼 수가 없었습니다. 다시 못 올 북녘으로 납치된 이후 생사도 알 수 없었습니다.

나는 지금도 그날 아침이 어렴풋이 기억납니다. 11세 때인데 웅성대는 기척에 새벽에 잠이 깨었지요. 일어나 앉았는데 바로 위 형이 밖에 나가 있으라고 했었지요. 밖에 나가보니 아무도 없고 해서 막연히 불안했습니다.

남편이자 일곱 아들의 아버지가 사라지자 어머니는 43년 세월을 하루같이 기다렸습니다. 늘 성경책을 가까이 두고 기도 하면서 남편의 무사귀환을 바랐습니다. 예수님의 가르침대로, 믿음 하나로 살았습니다.

지아비가 떠난 그 집에서 남은 생을 보내면서 대문 빗장도 걸지 않았습니다. 바람이 불거나 눈이 오거나 꽃잎이 떨어지는 날, 자연

의 기척이 남다른 날이면 혹시 남편의 기척인가 하여 대문간을 바라보는 어머니.

돌아올 기척이 없지만 밤이나 낮이나 눈과 귀가 열려서 어머니는 온몸으로 아버지가 돌아오기를 기다렸습니다. 아들들이 "편한 집으로 이사가요." "좋은 집으로 모시겠어요." 하고 아무리 말해도 듣지 않았습니다.

"이사는 나 죽은 다음에 가라."

그래서 첫째 찬모 형은 옆집을 사서 양옥을 지었습니다. 그리고 어머니가 사는 한옥 사이의 담을 헐어버리고 아침저녁으로 어머니를 보면서 살았습니다.

어머니가 아버지를 기다리며 평생 머무신 이 집터에는(종로구 재동 54-10번지) 현재 종로국제서당과 북촌 경로당(두 곳 주소지가 모두 54-1)이 자리하고 있습니다.

종로구청 부동산정보과에 따르면 지난 2000년 3월 2일부터 재동 54-10 주소지를 54-1로 합병하였습니다. 그리고 현재 주소지는 북촌로 20-27(재동 54-1)입니다.

종로국제서당은 21세기 글로벌 인재에게 필수로 요구되는 영어, 인문학적 소양, 소통능력을 키우는 교육을 총체적으로 제공하는 종로의 청년 교육, 일자리 모델로 2023년 6월 14일 개관식을 가졌습니다.

수많은 독립 운동가를 배출한 서당식 교육 모델에 온라인 국제학교 운영방식까지 녹여낸 종로만의 차별화된 교육사업으로 '여름방학 국제서당캠프', 다양한 독서토론, 관내의 문화유산에 대해 영어로 학습한 후 현장 탐방 및 외국인 대상 해설사 경험 등을 제공한다고 합니다.

정성채 부부가 7형제를 키우며 함께 살던 집터(54-10)는
현재 종로국제서당이 자리하고 있다.

기도로 산 한평생

    어머니는 아버지와 함께 나가던 교회에 평생 나갔습니다. 승동교회에 이어 승동교회에서 독립한 수송교회까지 예배와 찬송으로 주님을 모셨습니다.
    주일에는 권사로 봉사활동을 하고 교인들과 친교도 하셨지요. 예수님은 기쁠 때나 슬플 때나 삶의 든든한 동반자가 되었습니다.
    기도와 찬송이 하루의 일과였습니다. 홀로 남겨진 자신을 위로하고 돌아오지 않는 남편의 안위를 보살펴주십사 하는 기도였습니다.
    아버지의 삶은 오로지 하나님에 대한 사랑과 보이스카우트, 가족에 대한 사랑으로 가득 찼습니다. 할아버지로부터 내려온 기독교 신앙은 정씨 집안 모두에게 기쁨의 삶을 살게 했습니다.
    어머니는 성경을 통해 가르침을 받고 아들들에게도 자주 성경 이야기를 해주었습니다.
    나는 어릴 때부터 어머니에게 성경에 나오는 인물 이야기를 들으며 자랐습니다. 성경의 내용을 다 아는 어머니는 자주 하나님 말씀을 얘기해 주었습니다.

영화 '벤허', '쿼바디스', '삼손과 데릴라' 등의 줄거리도 들려주었습니다. 한국에 들어온 이러한 영화들이 미처 나의 친구들이 보기도 전에 어머니가 먼저 보고 아들에게 들려줄 정도였지요.

나는 중학교 때까지는 열심히 어머니를 따라 수송교회를 나갔습니다. 그런데 고등학생이 되면서 교회를 안 나가기 시작하자 어머니는 절대로 강요하지 않았습니다.

주일날 아침이면 어머니 혼자 집을 나서며 말했습니다.

"나는 교회 간다."

이 한마디뿐, 다른 말은 일체 없었습니다.

나는 미국에 와서 처음 3년간 은퇴한 미국인 목사와 같이 살게 되면서 64~65년 스스로 다시 교회를 나가기 시작했습니다.

'너 왜 교회 안 나가니?' 하는 한마디 말도 없던 어머니 덕분입니다.

우리 아들은 '아버지 없는 집'이란 말을 들을세라 더욱 몸가짐을 바로 하고 서로 위해주면서 아버지 부재 속에 힘들고 쓸쓸한 시간을 견뎌왔습니다.

아버지를 존경하면서 자라난 7형제는 형제애가 남다릅니다. 특히 첫째와 둘째형은 결혼을 한 가장 노릇을 하면서도 아버지 없는 본가를 위해 물심양면으로 도와주었습니다.

생각해 보면 아버지는 이북으로 납치되어 가면서도 큰아들과 둘째 아들, 성장한 아들들이 있어 내심 안심이 되고 힘이 되었을 겁니다.

큰아들 찬모형은 한국전력주식회사 평사원에서 감사에까지 오르고는 은퇴 후, 한국보이스카우트연맹 사무총장을 지냈습니다. 한국 보이스카우트 창립 50주년 기념 잼버리도 치렀지요.

형님들은 말합니다.

"아버님이 희생되지 않았다면 우리 형제들이 어떻게 되었을지 모른다. 우리가 편하게 사는 것은 아버님 덕분이다. 하나님을 의지하고 하나님 뜻에 의해서 모든 것이 되고 있다."

사실 밑으로 세 명만 제외하고 위의 형들은 모두 의용군이나 인민군으로 끌려 나갈 나이였습니다.

아버지는 북에서 온 인민군에게 납치되시고, 어머니는 동네 공산당원에게 붙잡혀갔다가 6시간 만에 집으로 돌아오셨습니다.

UN군이 들어와 서울이 9·28수복이 되어 집으로 돌아왔다가 중공군이 밀려 내려오면서 다시 피난을 가야 하는 등 온갖 수난을 다 겪었습니다. 휴전이 된 후에는 아버지 없는 가정에서 다 같이 살아내야 했습니다.

형들은 어린 동생들이 기죽지 않게 돕고 애쓰다 보니 형이라기보다 아버지로써의 역할을 했다고 할 수 있습니다. 하나님 손길 아래 형제들이 언성 높여 싸우는 일 한 번 없이 의좋게 지냈으니 이것도 하나님의 은총입니다. 남들에게 아쉬운 소리 안하고 살 수 있으니 이것이 하나님 축복입니다.

사실 6·25전쟁으로 인해 친구와 이웃 중에 아버지나 삼촌, 형제들이 죽거나 눈앞에서 참혹한 일을 당한 이들이 부지기수였습니다.

나는 막내랍시고 운동하랴, 친구들과 놀러 다니랴, 별로 집에 붙어 있지 않았는데 연세대학교 정법대학 행정학과를 다닐 때 일입니다.

연세대 총장 백낙준 박사의 아들, 정외과를 다니던 백관익과 친구 사이였습니다. 연세 캠퍼스 내 사택으로 친구와 같이 가서 점심을 먹곤 했습니다. 그때 만난 백낙준 총장이 한 말이 있습니다.

"너희 아버지, 대단히 존경스런 분이다."

그래서 더욱 아버지 이름에 부끄럽지 않게 처신을 바로 해야겠다고 결심했지요.

친구도 말했습니다.

"우리 어머니가 너를 그렇게 믿더라. 밤에 늦게 들어가니 누구랑 같이 있었느냐 해서 정찬민이와 같이 있다가 왔다고 하니 더 이상 아무 말도 안하더라."

'그 집 아들이라면 내가 믿는다'는 친구 어머니의 말이 가슴에 들어왔습니다.

내가 몸가짐을 잘해야지, 아들이 형편없더라는 말로 아버지께 누가 되어서는 안 되겠다는 다짐을 했습니다.

나는 1964년 미국 커네티컷으로 유학을 왔습니다. 넷째 찬형 형과 여섯째 찬구 형이 먼저 미국에 와서 커네티컷에 살고 있었습니다. 찬구 형은 엔지니어로 일했고 자신의 패턴(Pattern)을 갖고 메그가소닉(Megsonics Inc. CEO) 회사 사장으로 큰아들과 함께 특수 부속품을 납품하는 비즈니스를 하고 있습니다.

나는 첫 직장 Bunker Ramo 회사에 라직(Logic) 데자인 엔지니어로 취직하였으며 1년 후 새로 신설하는 소프트웨어 엔지니어 팀에 발탁되었지요. 그리고 나는 우리 회사에서 뱅크 오브 아메리카(Bank of America)를 위해 제작한 미니컴퓨터를 편하게 사용할 수 있게 프로그래밍(Programming) 언어를 개발하여 멀티 밀리언 계약을 성사시켰습니다.

71~72년 소프트웨어 엔지니어 직업이 각광받기 시작한 시기였지요. 그래서 열심히 했고 그 분야에서 인정받아 시니어 소프트웨어 엔지니어로 일했고 컨설턴트 및 여러 비즈니스를 하다가 68세에 은퇴했습니다.

영원한 삶

어머니는 1972년 넷째 찬형 형, 여섯째 찬구 형이 사는 미국 커네티컷 주와 내가 사는 뉴욕 웨체스터 카운티를 방문하여 6개월간 머물다 간 적이 있습니다.

우리 가족은 아버지가 납치되었지만 그 이후 소식을 들은 적이 없고 시신을 본 적이 없으니 아무도 돌아가셨다고 생각하지 않았습니다.

아버지는 수송교회 창립 멤버로 여전히 우리와 같이 있었고 어머니는 수송교회 권사로 늘 기도하고 찬송하는 신앙생활로 긴 세월을 버텨나가셨지요.

어머니는 수송교회를 떠나지 않고 그 먼 거리를 형님들이 내어준 차 혹은 택시로 계속 다니셨습니다.

어머니는 1993년 93세로 별세하기까지 아버지와의 추억을 안고 한옥에서 살았습니다. 어머니가 그 집을 떠나면 아버지가 못 찾아 오실까봐 차마 그 집을 떠날 수 없었던 것입니다.

어머니는 교회 권사로 있으면서 자원봉사 활동을 했습니다. 이웃과 지역사회에 공헌하고 개인적 정서 함양에 힘쓰라는 말씀을 실천

했습니다.

새벽을 기도로 시작하여 잠들기 전 기도로 끝내시면서 성경을 손에서 놓지 않았어요.

신명기 15: 7~12에 나오는 구절이 있습니다.

네 하나님 여호와께서 네게 주신 땅 어느 성읍에서든지 가난한 형제가 너와 함께 거하거든 그 가난한 형제에게 네 마음을 강퍅히 하지 말며 네 손을 움켜쥐지 말고, 반드시 네 손을 그에게 펴서 그 요구하는 대로 쓸 것을 넉넉히 꾸어주라…. 이로 인하여 네 하나님 여호와께서 네 범사와 네 손으로 하는 바에 네게 복을 주시리라. 땅에는 언제나 가난한 자가 없어지지 않겠지만 내가 네게 명하여 이르노니 너는 반드시 곤란한 자와 궁핍한 자에게 네 손을 펼지니라.

어머니는 주위 어려운 이들에게 돈을 잘 빌려주었다고 합니다. 돌아가신 다음 그 기록이 다 없어졌으니 재물이 필요한 자에게 갔으니 이것도 잘된 일입니다.

아버지가 사라진 가정은 어머니의 굳건한 신앙아래 뭉쳐서 흔들림 없이 잘 살아나갔습니다. 어머니는 아버지 역할까지 다 했습니다. 먼저 가정을 꾸린 형들이 어머니와 동생을 도와주었습니다. 내가 대학교를 졸업하고 미국에 오기까지 형들이 모든 경비를 대어준 것은 말할 것도 없지요.

어머니가 아버지 얘기를 하셨을 텐데 나는 나가 있는 시간이 많았고, 하셨다고 하더라도 기억이 없습니다.

뉴욕에 살 때 뉴욕축구협회 회장으로 활동한 적이 있습니다. 아버지를 닮아 나는 운동을 잘 했습니다.

1982년 새마을운동 본부 초청으로 뉴욕축구단을 인솔하여 한국에 나간 적이 있습니다. 그때 일을 마치고 재동 집으로 와서 어머니와 함께 둘이서만 동네식당에서 식사를 했었지요.

어머니가 그때 말씀하셨습니다.

"찬민아, 나, 너희 아버지 보고 싶다."

나는 평생 아버지 말을 안 하시던 어머니의 그 말에 말문이 탁 막혀 버렸습니다.

'어머니가 상당히 약해지셨구나. 원래 강한 분인데….'

1979년 서울 방문 때 어머니와 함께한 정찬민. 재동 54-10 집 앞에서

어머니의 사부곡(思夫曲)이었습니다.

오래된 한옥 구석구석마다 남편의 손길과 목소리가 배어있지요. 봄이 되면 열린 방문으로 미풍이 들어오고 여름에는 장맛비가 가슴을 때립니다. 가을 낙엽 지는 소리에 남편의 기척인가

하여 깜짝깜짝 놀라기도 여러 번, 깊은 밤 마당 한가운데 별을 한아름 들여다 놓았지만 같이 봐줄 사람이 없군요.
　한겨울 기와지붕 처마에는 고드름이 달리고 은은한 달빛이 창호지를 통해 들어와 잠을 못 이루게 하는군요. 당신 건강하시지요?

고즈넉한 자연과의 조화를 이룬 낮고 겸손한 한옥에서 바람을 맞으며, 흩날리는 눈을 바라보면서 어머니는 생각했을 것입니다.
　'네 아버지가 보고 싶다.'

　1917년 결혼한 아버지와 어머니는 슬하에 7남을 두었습니다. 장남 정찬모(아내 엄세숙), 2남 찬주(아내 박찬영), 3남 찬웅(아내 홍정연), 4남 찬형(아내 박정순), 5남 찬세, 6남 찬구(아내 최은희), 7남 찬민(아내 민인혜)입니다.
　어머니는 1993년 94세 나이로 세상을 떠났고 7명의 아들이 하나, 둘 세상을 떠나 현재 미국에 6남 찬구와 7남 찬민 둘만 생존해 있습니다.
　현재 한국과 미국에 손자 8명, 손녀 11명, 증손자 13명, 외증손자 4명, 외증손녀 3명, 외고손자 2명, 외고손녀 2명이 있습니다.
　현재 손자, 손녀, 증손자들은 한국과 미국에서 목사, 교수, 의사, 건축가, 변호사, 소프트웨어/ 하드웨어/ 컴퓨터 시스템 엔지니어, 자동차 디자이너 등 각 분야에서 열심히 일하고 있습니다.
　어머니는 아들들이 장성하여 결혼하거나 외국으로 떠나고도 소박

1988년 서울서 한국 형님 세 분과 미국에 사는 세 형제가 어머니와 함께
뒷줄 왼쪽부터 찬민, 찬구, 찬형, 찬웅
앞줄 왼쪽부터 찬모, 어머니, 찬주

한 한옥에서 아버지를 기다렸습니다.

별세하기 6개월 전에는 변비로 고생한 것 외에 다른 큰 병이 없었고 정신도 말짱했습니다. 첫째 동서(나의 작은어머니)가 며칠 동안 모셨는데 주무시다가 편하게 세상을 떠났다고 합니다.

부부는 평생 해로(偕老)하길 바라지만 일찍 배우자와 헤어지기도 합니다. 어머니는 아버지가 부재한 나머지 삶을 하나님께 맡기고 살았습니다.

'이제 그에게로 간다니, 기쁘고 감사한 마음으로 하나님 품에 안김

니다.'

아버지, 어머니는 천국에서 만나 부둥켜안고 서로의 눈물을 훔쳐 주었겠지요. 우리 형제들도 하나, 둘 아버지 어머니를 만나러 떠났습니다. 떠나간 모두 영원한 하나님 품에 안겼습니다.

생존한 6남과 7남이 묻혀져 가는 아버지 이야기를 세상에 전하게 되어 다행입니다.

1988년 1월 수송교회에서 한국의 세 형, 미국의 세 형제, 6형제가
주일예배에서 어머니를 위로하고자 특송을 하고 있다.
왼쪽부터 6남 찬구, 3남 찬웅, 4남 찬형, 2남 찬주, 7남 찬민, 1남 찬모는 스카우트 활동을 하였으나, 비록 지금은 스카우트 운동의 일선에서 벗어나 있지만, 혈통으로 물려받은 스카우트 정신과 학창시절 몸으로 익힌 스카우트의 긍지는 언제나 제 삶의 원동력으로 작용하고 있다고 확신하고 있습니다.

어느덧 한국의 스카우트 역사도 100년이 되었고 손자 되는 저희들도 물러가는 세월이 된 이제서야 할아버지의 전기가 출판된다는 것이 조금은 늦은 감이 있지만, 후손들이 할아버지의 위대한 업적을 길이 기릴 수 있는 계기를 만들어 주신 작은아버지 두 분께 감사드립니다.

늘 할아버지의 업적을 상기하며 부끄럽지 않은 손주로서 살아가겠습니다.

손자 정범기 올림, 한국에서

1남 정찬모의 장남 정범기

'범기'라는 이름은 할아버지의 유산

　내가 태어나던 해에 할아버지께서 납북 당하신 연고로 안타깝게도 할아버지에 관련된 저의 모든 기억은 할머니와 부모님으로부터 들은 것이 전부입니다.
　다만 할아버지께서 납북당하시기 전에 지어 주신 '범기'라는 이름이 유일하게 할아버지의 숨결이 닿은 유산이라는 것이 안타까울 뿐입니다.
　어린 시절에는 가족들이 이야기하는 할아버지께서 이루신 업적들이 별로 마음에 와 닿지 않았지만, 점차 나이가 들어가면서, 일제치하의 암울한 시기에 대한민국을 이끌어갈 청소년들에게 자주독립의 정신과 민족혼을 일깨우기 위해, 불과 23세라는 젊은 나이에 소년척후대를 창설하심으로 대한민국의 소년운동에 불을 지피고 밑거름이 되신 놀라운 통찰력과 결단력에 깊은 감동과 함께 할아버지께 대한 자부심을 품게 되었습니다.
　소년척후대 창설자를 할아버지로 모셨고, 또 중·고등학교 시절에 세우고 인천 송도 해수욕장에서 찍으신 것입니다. 정말 걸작입니다. 그 사진기와 손수 만드신 커버를 저희가 보관하고 있습니다.

아버님은 젊은이들을 위한 보이스카우트, 수송교회를 세우는데 장로님으로 수고를 하시었습니다. 젊은이들에게 애국정신과 기독교의 가르침을 주느라 선두에서 힘쓰셨습니다. 제가 민하고 몇 번이고 하는 얘기가 있습니다. 제가 아버님을 만날 수 있었고 또 아버님과 같이 지낼 수 있었다면 많이 좋아하고 존경했을 것이라고 했습니다.

저희는 아들 원기, 딸 수희 둘을 두고 있습니다. 원기라는 이름은 아버님이 지어 놓으신 이름이라고 어머님께서 알려 주셨습니다. 어머님은 1972년에 미국 저희 집에 오셔서 지냈습니다.

그때 원기가 3살 수희는 갓난아이였습니다. 그때 어머님은 아버님을 무척 그리워하면서 "할아버지가 너희들을 보았으면 많이 좋아하셨을 텐데…." 하셨습니다.

아버님을 잃은 지 20여 년이 지났고 막내아들의 아이들이니 더욱더 아버님을 그리워하셨던 것입니다. 어머님은 아버님이 납치되신 집에서 아버님이 돌아오기를 기다리면서 생을 마치셨습니다.

민인혜 막내며느리 드림, 미국에서

7남 정찬민의 아내 민인혜

아버님을 만났더라면 얼마나 좋았을까요?

아버님, 막내며느리 인혜가 아버님을 그리워하면서 적어보고 있습니다. 7남 정찬민 장로와 결혼한 지 56년입니다. 그동안 저는 아버님을 그리는 민에게서 아버님에 관한 것을 많이 들었습니다.

아버님은 80여 년 전에 영어를 하셔서 영자신문사(The Union Democrat) 부사장 겸 편집국장으로 일하셨고, 음악에도 조예가 깊어 바이올린, 풍금, 피아노를 연주할 수 있어 작곡가 홍난파씨와 함께 음악을 하셨다고 들었으며 그 사진도 집에 있습니다.

그뿐이 아니고 자수도 잘하여 보이스카우트 기능장도 만드셨다고 합니다. 아버님이 피아노를 치셨다는 것은 전혜금씨가 알려주셨습니다. 그분은 아버님을 도와 교회에서 피아노를 치셨다고 합니다. 그분은 아버님 추모예배 기사를 신문에서 보시고 참석했고 그 후에도 만나 뵈었습니다.

그분이 또 말씀하신 것이 아버님이 언제나 카메라를 지니고 다니셨답니다. 아버님이 찍으신 사진 중에 자제분 칠형제를 나이순으로

2008년 한국방문 시, 국회도서관에서 김정의 박사의 저서
'한국 소년운동론'을 찾은 정찬민

9월로 정한 것은 아버님이 한국보이스카우트를 창설하고 정식으로 등록한 달을 택한 것입니다.

나는 한국에 자주 나가 아버지의 흔적을 찾으려고 밤낮으로 도서관, 신문사, 책방을 다니며 많은 자료를 찾아내었습니다. 특히 김정의 박사의 저서 '한국소년운동론'을 국회도서관에서 찾게 되었습니다. 그는 아버지에 대해 사실 그대로 쓴 것에 대해 항상 감사하게 생각하고 있습니다.

나는 글을 통해서 혹은 직접 "너의 아버지는 훌륭하신 분이다." "독실한 기독교신자이시다." "한국의 소년들에게 자신이 스스로 독립하는 방법을 가르쳐주신 분." 등등의 말을 들었습니다.

아버지와는 많은 시간을 함께 하지는 못하였으나 나의 아버지란 것이 자랑스럽습니다. 내가 해보고 싶었던 말 "아버지, 어머니, 사랑해요!"를 글로라도 해봅니다.

막내아들 정찬민, 미국에서

뉴욕에서 연고전 축구대회가 계기가 되어 1973년부터 뉴욕한인사회에 참여하여 보이스카우트에서 익힌 봉사정신으로 열심히 뉴욕을 중심으로 한인 청소년들의 체육발전을 위해 봉사하게 되었습니다. 1981년에 뉴욕축구단 단장으로 한국방문을 했었습니다.

방문 중에 어머니를 찾아뵙고 함께 외식을 하면서 이런저런 이야기를 나누다가 어머니가 눈물을 보이면서 "찬민아, 너의 아버지를 보고싶구나." 하셔서 나는 무척 당황하여 잠시 말문이 막혔습니다.

나는 어머니의 두 손을 잡고 한참 있었습니다. 나는 무슨 말로 위로해 드려야 될지 몰랐습니다. 마음속으로 하나님께 기도하며 도움을 청했습니다. 어머니가 아버지를 사랑하고 그리워하는 것은 잘 알고 있었지만, 직접 말씀 하신 것은 처음 들었습니다.

어렸을 때나 지금까지 한국에서나 미국에서 사는 동안 형들에게서 한 번도 꾸중이나 잘못한다고 지적을 받은 적이 없었습니다. 물론 외할머니나 어머니한테도 없었습니다.

왜 나에게 결점이 없었겠습니까? 모두 좋은 분들이라 저를 사랑으로 덮어 주신 것 같습니다. 첫째와 둘째 형은 저에게 아버지와도 같았습니다. 성장과정을 지켜보시면서 내게 필요한 모든 것을 채워주었습니다. 아니 그 이상 해 주셨습니다. 형들에게서 아버지의 성품과 사랑을 찾아볼 수 있었습니다.

2009년 9월 26일 아버지의 추모예배를 아버지 계실 때부터 우리 가족이 다니는 수송교회에서 드렸습니다. 추모예배를 갖게 된 것은 2009년이 아버님이 110세가 되니 돌아가신 것으로 생각하고 2008년에 서울서 아들들과 조카들이 모여 결정을 했습니다.

게 주실 것이요 찾으라 그리하면 찾아낼 것이요…."는 지금도 묵상하는 구절입니다.

크고 작은 어려움이 있을 때 나에게는 하나님이 항상 함께 계심을 믿고 있습니다. 어머니가 주시는 사랑은 아버지의 사랑도 함께 주시는 느낌을 받았습니다.

나는 항상 부모님에게 조금이라도 누가 될까 생각과 행동을 자제하면서 살아왔습니다. 솔직히 말하면, '아버지 없는 자식' 소리를 듣고 싶지 않았습니다.

1968년에 두 형이 있는 미국 코네티컷 주로 와서 함께 지내다 직장을 가진 다음 따로 독립하였습니다. 같은 해에 아내를 만나 아들, 딸을 낳아 키우면서 그들에게 될 수 있는 한 아버지의 역할을 잘하려고 노력하였습니다. 하지만 할아버지의 사랑을 받지 못하는 것을 늘 안타까워했습니다.

아이들에게 좋은 아버지가 되려고 많은 노력을 했고 좋은 남편이 되려고 많은 노력을 하면서 살아왔습니다.

1989년 1월 화이트플레인 한인장로교회(PCUSA)에서 장로 안수를 받고 다른 장로들과 성도들이 합심해서 개척교회를 시작하였습니다. 장립식에 장로인 아버지가 나의 머리에 손을 얹고 함께 안수해 주었다면 얼마나 좋았을까 하고 생각해 보았습니다.

나는 영의 아버지와 육의 아버지 관계로 많은 눈물을 흘렸고 이로 인해 나의 신앙이 자라감을 느꼈습니다.

아내도 권사로서 많은 하나님 사역을 함께 하면서 하나님께 영광을 드렸습니다. 할아버지와 아버지에게서 받은 유산이라고 생각합니다.

1959년 7월에 제10회 세계 잼보리 대회가 필리핀에서 있었고 전 영국대사를 지낸 김용우 단장을 비롯해 약 80명이 참석했는데, 약 30명은 문교부 관계자들, 50명은 소년단 지도자들 그리고 한국대표로 참석한 대원들이었습니다. 그 중 7명이 연세대학교 지도자 양성대원이었습니다. 나는 영조장으로 스카우트 대원들을 인솔하면서 이러한 일들을 아버지가 보셨더라면 얼마나 좋아하셨을까 하고 생각하여 보았습니다.

　대학에 입학하자마자 오랫동안 중단되었던 연고전 대회가 있어 나는 축구선수 골키퍼로 활약 했고, 특히 졸업식날에 어머니가 기뻐하던 모습을 가끔 생각합니다. 어머니가 아버지 생각도 하셨던 것 같았습니다. 아버지는 연희전문을 다니던 중 3·1운동에 가담했다 하여 학교를 중단하게 되었습니다.

　졸업 후, 나는 1964년에 도미하였습니다. 약 2년간 은퇴한 침례교회 미국 목사 부부와 함께 지냈습니다. 먼저 미국에 유학 온 두 형님이 노래를 잘 했고 너도 잘 한다며 주일예배 때 가끔 이중창도 부르게 했습니다.

　설교는 이해하기 힘들었으나 어렸을 때 어머니가 많은 성경 말씀을 내게 해주셔서 대강 무슨 말씀을 전하는지 알아듣고 은혜를 받았습니다. 나의 신앙생활에도 큰 도움이 되었습니다.

　한국에서의 생활과 미국에서의 나의 생각과 생활에 큰 변화가 많았습니다. 어머니는 이러한 사실을 알고 늘 성경 말씀을 편지로 알려주었습니다.

　어머니가 편지로 주신 마태복음 7장 7절 "구하라 그리하면 너희에

나 자신도 말을 키운다는 것이 쉽지 않음을 알게 되었습니다.

고민 중에 있다가 6·25전쟁이 나고 아버지와 생이별을 하게 되었습니다. 약 2년간의 피난생활을 끝내고 우리 가족은 서울 재동 집에 돌아왔습니다. 시간이 지나갈수록 복잡했던 집안이 조용한 분위기가 되면서 외롭고, 너무 많은 것을 잃어버린 것 같았습니다.

어머니는 항상 안방에서 홀로 기도와 찬송과 성경봉독으로 하루하루를 지냈습니다. 나는 가끔 형들이 있던 텅 빈 방의 문들을 그냥 열어보곤 했습니다. 항상 안방에서 나던 아버지, 어머니의 기척, 함께 자며 아버지의 밥상에서 함께 식사하던 생각이 나고는 하였습니다.

나는 10년간 보이스카우트 활동을 하면서 많은 봉사를 하려고 노력했습니다. 그중에 전쟁으로 인해 순경들이 부족했던 부산 경찰관들을 위해 방과 후에 교통정리를 도와주었습니다.

배재고등학교에 다니면서 서울 제72대 영장대를 조직했습니다. 대한소년단 백낙준 총재로부터 학교 내 스카우트 활동에 공이 크다고 하여 표창장을 받았습니다. 또한 졸업 후, 각 고등학교에서 소년단 활동을 했던 대원들과 합의하여 우선 몇 대학 내에 지도자 양성대 대학클럽을 YMCA에서 대한소년단 이태환 간사장과 전용한 간사님을 모시고 발대식을 YMCA에서 가졌습니다.

YMCA는 저에게 참으로 의미 있는 장소였습니다. 아버지가 1922년 4월에 최초의 소년척후대 제1호대를 한국에서 탄생시켰고 등록은 1922년 9월 30일에 한 장소입니다. 솔직히 말해서 나의 스카우팅에 관해서는 다른 사람이 아니라 아버지로부터 직접 칭찬받고 싶었습니다.

그 당시에는 생각 없이 어머니를 그냥 따라다녔습니다. 나중에 깨닫게 되었지만, 아버지의 시신이라도 찾으려고 애를 쓰셨던 모습을 눈에 그려보니 어머니의 그 당시 심정을 이해하게 되었습니다. 이제라도 좀 더 잘해 드리려고 해도 이미 어머니는 94세로 하나님의 부르심을 받고 주님의 품에 안기셨으니, 효도를 할 수 있던 시간은 지나갔고 아버지와 어머니를 그리워하는 시간은 너무 긴 것 같습니다.

우리 국군이 UN군과 압록강까지 올라갔으나 중공군이 한국전쟁에 투입되어 정세는 점점 악화되고 우리는 1950년 12월 추운 겨울에 외할머니만 재동 집에 남아있고 나머지 식구는 부산으로 피난하였습니다.

어느 날 어머니는 아침식사 후, 나와 함께 갈 때가 있다며 어느 판자집과 텐트로 만든 집들이 있는 곳으로 데리고 가셨습니다. 임시대한소년단 본부에서 서울 제25대 대원으로 가입을 시킨 것입니다. 얼마 안가 임시피난 토성초등학교 6학년에 편입하였고 졸업한 후에는 배재중학교에 입학했습니다. 아마 어머니한테는 아들에게 보이스카우트의 교육이 중요하셨던 것 같습니다.

나는 아버지와 대화를 한 기억은 별로 없었으나, 전쟁 나기 몇 주 전에 아버지한테 말을 타고 싶다고 사달라고 하였습니다. 아버지는 "값이 얼마인지 알아보자." 하였습니다. 나는 그날 학교에서 아주 긴 시간을 보내고 방과 후 말이 끄는 짐수레가 재동길을 지나가기를 기다렸으나 오지 않았습니다.

며칠을 계속 기다려 마침내 마차군을 만나게 되어 말값을 물어보니 "아주 비싸다. 그리고 말 둘 장소가 있어야지." 하는 말을 듣고,

7남 정찬민

아버지, 어머니 사랑해요

　내가 서울 재동초등학교에 다니던 11세에 1950년 6·25전쟁이 일어났습니다. 아버지는 그 해 8월 28일 새벽, 인민군 정보부원 5명에 의해 납북되었습니다.
　올해 2024년 85세인 나는 74년 동안 아버지의 생사를 모르는 채 아버지를 그리워하면서 살아왔고, 살고 있습니다.
　아버지가 납북된 그날 몇 시간 후에 어머니도 동네 공산당들에게 잡혀가 약 6시간 만에 풀려나왔습니다. 어머니가 집에 오셔서 외할머니와 어머니만 집에 계시기로 하고 큰형 가정과 나도 함께 명동의 한 가게 안에 숨었습니다. 다른 형들은 사변이 나자마자, 미리 외가 친척들 집에 숨어 있었습니다.
　1950년 9월 28일에 인천상륙작전으로 UN연합군과 국군이 서울을 탈환하여 나는 어머니와 함께 있게 되었습니다. 다음 날, 어머니는 새벽에 나를 깨워 내 손을 잡고 서울 근교 서대문형무소와 소문에 들은 대로 인민재판 후 납치자들을 처형했다는 장소들을 찾아다녔습니다.

부모님께서는 이웃과 문제가 있는 것을 본 적이 없다. 모든 일들은 하나님의 섭리에 이뤄진다는 것을 굳게 믿는다.

내 장인은 유명한 덕수교회 창립자 최거덕 목사인데 우리 할아버님이 설립한 교회 중 한 교회를 찾아내셨다. 이 교회가 바로 덕수교회 산소지 앞에 있었다.

최목사님께서 아주 오래된 교회가 있는 것을 목격하여 문의 하시던 중 이 사실을 발견하고 나의 아내 최은희에게 알려주어서 한국에 나갔을 때에 이 교회를 찾아가 보았다. 아주 아담한 교회였다. 이처럼 정씨 가정이 창설한 것이 많은 것 같다.

6·25전쟁 때 한국 소년운동의 선지자로서 아버님은 북한의 적이 되었으므로 이북 정치보위국에 나이 55세에 보이스카우트 복장, 사진, 서류와 함께 납치당하셨다. 내가 직접 목격했다.

아버님은 짧은 삶 동안 여러 가지 하신 일들이 많은데 더 오래 사셨으면 무엇으로 사회에 이바지 했을까가 궁금하다.

6남 정찬구, 미국에서

해방 후 첫째로 하신 일은 신흥우 박사님과 함께 여의도 비행장 처리를 미 정부로부터 위임 받아 부사장으로 일하셨다. 월급 대신 지프(Jeep) 차 한 대로 출퇴근 하게 한 것 밖에 없었다.

아버님은 참으로 청렴하신 분이다. 일본인 회사에서 한인 책임자로 일하셨고 해방이 되면서 일본인 사장이 일본으로 가면서 적산가옥을 주었는데도 이것을 받지 않고 남에게 주었다.

그 이유는 내가 직접 일을 해서 번 것이 아니면 내 것이 될 수 없다는 신념이 있었기 때문이었다. 유전은 참으로 무서운 것이다. 내 첫째 아들은 반도체(Semiconductor)를 공부한 박사인데 아버님과 아주 똑같은 성격을 지녔을 뿐 아니라 어려서부터 미국 보이스카우트에 가담하였고 지금도 지도자로써 매주 소년들을 지도하고 있다.

할아버지가 한국보이스카우트 창설자라는 것을 자랑스럽게 여기고 그 뒤를 이어받은 것 같다.

또 아버님은 신흥우 박사님과 함께 한국 최초의 영문자 신문(Union Democrat)사 부사장겸 편집국장으로 설립하셨다.

아버님께 제일 중요한 것은 물론 기독교인으로 수송교회 창립 장로이신 것이다. 우리 가족은 오래 전 할아버님 때부터 기독교 가정이었고 할아버님은 서울 근처에 세 교회를 설립하시고 주일마다 세 교회를 돌아다니며 설교를 하셨다.

아버님은 교회에서 찬송가를 부를 때 찬송가 가사를 다 기억하셨기 때문에 찬송가책을 보신 적이 없었다는 예화도 있다.

할아버지 때부터 우리 가정은 '내 이웃을 내 몸과 같이 사랑하라'는 하나님의 말씀대로 최선을 다해서 시행하기를 노력하였다. 우리

6남 정찬구

새로운 소년척후단 교범을 쓰시던 기억이 생생

아버님은 일찍이 YMCA에 속하여서 활동하셨으므로 서양문화의 영향을 많이 받으신 분이다. 청년시절에는 친구인 홍난파씨와 함께 바이올린 연주회를 할 정도로 한국에서 가장 우수한 실력자이었다. 그러나 아버님은 바이올린으로 가족을 지탱할 수 없다고 생각하여 포기하셨다고 알고 있다.

그 후 홍난파씨는 계속하여 실력을 쌓고 노력하여 한국의 우수한 바이올리니스트이자 작곡가로 이름을 떨치게 되었다.

아버님의 일생은 세계연맹에 속한 보이스카우트(Boy Scouts)를 한국에 최초로 창설하여 활동해 온 것이라 할 수 있다.

6·25전쟁이 일어나기 전까지 새로운 소년척후단 교범을 매일 집에 돌아오면 쓰시던 기억이 생생하다. 아쉽게도 부산 피난시 운송하다가 남은 책과 사진을 모두 손실하게 되었다. 참으로 아깝게 된 일이다.

정성채는 독실한 기독교 신자로, 일제하 소년들에게 꿈과 희망을 심어준 이로 존경받을 뿐만 아니라 가족들에게 다정하고 따뜻한 분으로 알려진다.

그러나 정성채를 아는 세대가 사라지면 그에 대한 기억도 사라지고 그가 해온 일들도 묻히고 말 것이다. 정성채의 삶과 기쁨, 보람이 공존한 스토리를 기록으로 남김으로써 후손들과 독자들에게 용기와 희망을 주게 한다는 데 이 책의 출간 의미가 있다.

이 책은 아들, 손자손녀, 증손자손녀에게 정신적 유산이자 가보로 남겨주고자 하는 의도에서 시작되었다.

6·25란 민족의 비극으로 인해 더 이상 만날 수 없던 아버지에의 그리움을 보여주는 정찬구, 정찬민의 사부곡(思父曲)이라고도 할 수 있다. 한 번도 직접 만난 적은 없지만 사진으로, 말로만 듣던 할아버지, 증조할아버지, 큰아버지는 자신들의 삶에 좋은 귀감이 되었다는 자손들의 마음도 담았다.

선조의 훌륭한 발자취를 돌아보는 한편 자랑스런 선조가 살아온 삶의 기록과 생각을 대하면서 후손들은 더욱 자부심을 갖고 앞으로 살아갈 것이라고 입을 모은다.

3부

아들과 며느리, 손자손녀, 증손자, 조카가 보내는 편지

사랑하는 아버지, 할아버지
보고싶습니다
그립습니다

정찬구: 「새로운 소년척후단 교범을 쓰시던 기억이 생생」
정찬민: 「아버지, 어머니! 사랑해요」
정찬민의 아내 민인혜: 「아버님을 만났더라면 얼마나 좋았을까요?」
정찬모의 장남 정범기: 「'범기'라는 이름은 할아버지의 유산」
정찬모의 2녀 정기영: 「신앙인의 삶을 남겨주셔 감사합니다」
정찬형의 2녀 정진희: 「근면하고 인간애가 넘치는 분」
정찬민의 딸 정수희: 「아버지 통해 할아버지를 느낍니다」
정찬주의 손자 정봉훈: 「증조할아버지 정신이 우리 가족 안에 숨쉽니다」
조카 정찬수: 「한국스카우트연맹 창설자 큰아버지 정성채 장로님을 기리며」

| 1남 정찬모의 2녀 정기영 |

신앙인의 삶을 남겨주어 감사합니다

할아버지께!

할머니께서 제 머리를 쓰다듬으시며 할아버지가 계셨으면 참 예뻐 하셨을 텐데 하시던 말씀을 들을 때마다 할아버지의 따뜻하심을 할머니의 손길을 통해 느꼈습니다.

학창시절에는 할아버지께서 청소년 지도자로 선구자의 길을 걸으셨던 것에 대한 존경심으로 자존감을 갖게 되었습니다.

부정한 것 그림자 근처에도 가지 말라는 할아버지의 가르치심을 아버지께서 가훈으로 정하셨고 사회생활을 하면서 제 삶의 기준이 되었습니다.

어머니께서는 지금도 할아버지에 대하여 참 맑으신 분이셨다고 회상하십니다. 할아버지께서 납북 당하신 연세보다 10년 이상 더 된 제 나이에 이르러 할아버지를 회상합니다.

비록 따뜻한 손길과 음성을 듣지는 못했을지라도 제 마음에 남는 것은 할아버지의 고결한 정신과 사랑이 새겨져 있음을 새삼스레 깨닫습니다.

  우리에게 하나님을 섬기며 살아가는 신앙인의 삶을 남겨주신 할아버지께 감사드립니다.

손녀 정기영 올림

4남 정찬형의 2녀 정진희

근면하고 인간애가 넘치는 분

우리 가족사에서 할아버지는 의로웠고, 근면하며 인간애가 넘치는 분이었습니다.

할아버지는 필요하다고 생각하면 자신만의 방식으로 세상을 더욱 친절하고 나은 곳으로 만들고자 노력하셨습니다.

우리 후손들은 할아버지처럼 권위주의에 맞서고, 인권을 지지해야 합니다.

그리고 그의 이야기에서 받은 교훈은 아니지만 우리 할아버지에 대해 아는 몇 가지 사실과 그의 넷째 아들인 저의 아버지를 잃고 나서 제가 느낀 것은 다음과 같습니다.

좋은 사람이 세상에서 사라지면 우리는 그들의 발자취를 채우기 위해 선함 속에서 성장해야 합니다.

이 상실을 메우기 위해 우리는 후손으로서 그들의 가르침에 맞게 성장하고 친절과 노력으로 세상의 잘못된 점을 메우기 위해 노력해야 합니다. 그리하여 그들이 무엇을 했는지, 어떤 인물이었는지가 사라지지 않고 그들의 노력은 계속 이어지게 되는 것입니다.

4남 정찬형의 2녀 정진희, 미국에서

> 7남 정찬민의 딸 정수희

아버지 통해 할아버지를 느낍니다

저는 할아버지 이야기를 많이 들으며 자라왔습니다. 하지만 전쟁의 참혹함과 그 속에서도 발전해 나가는 대한민국의 역사를 이해할 나이가 되어서야 비로소 할아버지의 이야기를 진심으로 받아들이게 되었습니다.

저의 할아버지는 한국에 보이스카우트를 도입하는데 선구자적인 역할을 하셨을 뿐 아니라 한국 최초의 기독교 교회 중 하나를 설립하는 데도 관여하셨습니다. 더욱이 할아버지의 가족에 대한 사랑과 관심은 특별했던 것으로 생각됩니다.

저의 아버지는 어린 나이에 할아버지와 헤어지셨지만 그러기에 자식들에 대한 헌신과 희생은 더 강해진 것 같습니다.

할아버지께서는 아버지로서의 역할이 길진 않았어도 자녀들에게 많은 영향을 주었다고 생각합니다. 제 아버지의 삶도 항상 순탄치 않았지만 언제나 가족을 앞세우고 가족을 위해 희생하시는 모습에서 할아버지의 큰 영향을 느낄 수 있었습니다.

아버지는 늘 집에 할아버지의 사진을 걸어두시면서 할아버지에 대한 사랑을 마음 깊이 간직해 오셨습니다. 또한 저의 할머니는 언젠가 돌아오실 할아버지와의 재회를 기약하시며 이사를 거부하셨습니다.

할머니께서 한평생 그 집에 남아 기다리셨고 그것은 할아버지께서 얼마나 많은 사랑과 존경을 받으셨던 분이셨는지를 보여주는 것 같습니다.

결국 할머니는 한국전쟁이 끝난 후에도 약 40년 이상을 할아버지와 함께 사시던 그 집에 그대로 사셨고 그곳에서 생을 마감하셨습니다. 이런 깊은 사랑, 특히 가족에 대한 사랑 이야기는 우리 주위에서 흔히 듣기가 어렵습니다. 그러나 저는 할아버지 덕분에 이와 같이 위대한 가족사랑의 이야기를 알게 되었습니다.

손녀 정수희 올림, 미국에서

2남 정찬주의 손자 정봉훈

증조할아버지의 정신이 우리 가족 안에 숨쉽니다

제가 증조할아버지에 대해 처음 알게 된 것은 할아버지 방에 걸려 있던 오래된 흑백사진을 통해서였습니다. 사진 속 스카우트 유니폼을 입으신 증조할아버지의 단호한 눈빛과 곧은 자세는 어린 저에게 깊은 인상을 남겼습니다.

그 모습에 매료되어 '어떤 분이셨을까?' 하는 궁금증이 자연스럽게 생겼습니다.

7형제 중 차남이셨던 저희 할아버지께서는 증조할아버지에 대한 많은 이야기를 들려주셨습니다. 그 이야기를 통해 증조할아버지의 삶과 가치관을 더욱 깊이 이해할 수 있었고, 자연스럽게 존경심이 마음속에 자리 잡게 되었습니다. 성인이 된 지금까지도 증조할아버지의 정신은 제 가치관과 삶의 방식에 큰 영향을 주고 있습니다.

증조할아버지는 사진 속 곧은 자세만큼이나 올바른 성품을 지니신 분이셨습니다. 늘 단정한 옷차림을 유지하셨고, 성격은 확고하며 신뢰를 무엇보다 중요하게 여기셨다고 합니다. 또한, 선구적인 마인드를 가지셨던 증조할아버지는 열린 마음으로 새로운 것을 받아들이는 데 두려움이 없으셨습니다.

제 할아버지께서는 돌아가시기 전까지도 그 사진 액자를 방 한쪽에 걸어두셨습니다. 할아버지께 증조할아버지는 단순히 가족 이상의 존재, 삶의 방향을 제시하는 귀감이셨던 것 같습니다. 그 사진은 단순한 흑백 사진이 아니라, 증조할아버지의 삶과 정신을 담아내는 창이었습니다.

어린 시절 저는 스카우트 활동을 통해 책임감과 리더십, 그리고 공동체의 중요성을 배웠습니다. 그 스카우트를 창설하신 증조할아버지는 제게 깊은 존경의 대상이셨습니다.

지금 저는 미국에 살고 있지만, 제 두 아이들에게도 증조할아버지의 업적과 삶의 이야기를 전하고 싶습니다. 아이들이 한국어에 익숙하지 않더라도, 그분의 이야기를 들으며 우리나라와 가족의 뿌리에 대한 자부심을 느끼길 바랍니다.

이 이야기가 세대와 세대를 잇는 소중한 연결고리가 되고, 증조할아버지의 정신이 우리 가족 안에서 계속 살아 숨쉬기를 바랍니다.

증조할아버지의 삶과 업적을 후손들에게 전함으로써 그분의 가르침과 가치를 잊지 않고 이어가고 싶습니다. 그것이 우리가 그분을 기억하고 존경하는 가장 아름다운 방법일 것입니다.

2남 정찬주의 손자 정봉훈 올림, 미국에서

조카 정찬수

한국스카우트연맹 창설자 큰아버지 정성채 장로님을 기리며
- 미래의 스카우트 운동을 준비하다

어릴 때 매년 신년 정월 초하루면 형제들과 함께 재동에 있는 큰아버지 댁에 세배를 드리러 갔다. 그렇지만 큰아버지는 한 번도 뵌 적이 없었고 그곳엔 큰어머니와 아버지뻘인 줄만 알았던 큰형님(찬모 형님)이 계셨다.

점점 나이를 먹게 되어 알게 된 놀라운 사실! 큰아버지는 6·25 동란이 터지고 얼마 안 있어 북한괴뢰군에 의해 강제로 북으로 잡혀갔다는 것과 바로 그분이 잘생긴 얼굴에 멋들어지게 차려입고 포즈를 잡은 채 국사 교과서와 참고서 사진 속 주인공, 바로 한국스카우트 창설자 정성채라는 것이었다.

그리고 재동집에 있던 아버지뻘인 줄만 알았던 분(정찬모 형님)은 알고 보니 나이가 많을 뿐 나에겐 사촌 형님이라는 것이 어린 나에겐 도무지 이해가 되지 않았다.

"저렇게 머리가 하얀데 할아버지이지 형이라니?"

나중에 알고 보니 우리 아버지는 3형제가 있었는데 큰형님이 바로 정성채, 그다음이 정영채, 막내가 나의 부친인 정명채인바 나의 아버지와 큰아버지와는 나이 차가 18세에 달하였고 나는 막내인 정명채의 4남 2녀 중 막둥이로 태어났으니 큰집에 계신 찬모형님이 할아버지 혹은 아버지뻘로 보일 수밖에 없었던 것이다.

또한 큰어머니(정수면 권사)께서는 남편이 워낙 기골이 장대하고 재주가 놀라울 정도로 출중한 분이라 아무리 납북 당했다 하더라도 언젠가는 기어코 돌아올 것이라 생각하여 피난을 가지 않고 버텼으며, 세월이 지났음에도 불구하고 납북당한 재동 집에서 불편하지만 1993년 돌아가실 때까지 평생 이사를 가지 않고 대문의 빗장도 채우지 않고 지내셨다는 이야기를 들었다.

결국 끝내 돌아오지 못하셨다. 그러기에 내 마음 속에는 아직 살아계시며 한국스카우트연맹을 잘 꾸려 놓고 있으라는 묵시를 보내시는 것이다.

지금까지는 큰아버지로서의 정성채를 이야기 했지만 이제부터는 한국스카우트(소년척후단) 창설자 정성채에 대해 이야기 하려고 한다.

나는 초등학교 때 보이스카우트를 해보고 싶었지만 여러 가지 이유로 할 수 없었다. 결국 나의 아들(정현기)이 초등학교 4학년이 되자마자 득달같이 가입시키고 육성단체 부회장겸 대지도자가 되어 드디어 나도 스카우트복을 입고 항건을 두르며 꿈에 그리던 스카우트를 하게 되었고 지금은 대학교(연세대학교 법학과 84학번) 친구인 이찬희 변호사(전 대한변호사협회회장, 삼성준법감시위원장 등)를 제17대 총재와 같이 열심히 스카우트 운동을 하고 있다.

창설자 정성채에 대해 관심을 가지고 알아본 바 1922년 9월 30일, YMCA와 승동교회 청소년들을 이끌고 소년척후단을 조직하여 조선 어린이들이 일본 어린이들에게 꿀리지 않게 키우기 위해 부단히 노력하였다는 것을 알았다. Y.M.C.A에 근무하며 누구보다 신문물을 먼저 접하였기에 조선청소년들에게 당장 눈에 보이는 물건이 아니라 비전을 제시했으리라.

"소년들이여! 미래의 지도자들이 가까이 있을지니, 옆의 친구들을 존중하고 배려하라."

위엄있지만 온화하게, 지시보다는 스스로 주도적으로 창의성을 발휘하도록 지도하였을 것이다. 몸소 각종 약장과 진급에 필요한 물품들을 만들고 교본을 만들기 위해 밤을 샜을 것이다. 그러한 선각자적인 노력과 수고로 인해 자유민주 대한민국의 자랑스런 스카우트연맹이 지금껏 존재하게 된 것이다.

세월이 흘렀다. 많은 것이 변하고 세태가 변하여 과거 잘나가던 한국스카우트연맹은 예전엔 생각지도 못한 위기에 직면하고 있다. 저출산, 다양한 놀이문화, 대형안전사고발생, 극단적 이기주의, 민주화, 학력만능주의, 소득수준향상, 컴퓨터 게임, 학교 대의 몰락 및 펜데믹 발생 등 어느 하나 청소년활동을 위축시키지 않는 것이 없게 되었다.

이럴 때 "만약 정성채 창설자가 지금 계신다면 어떻게 하셨을까?"라는 생각을 해본다. 세상은 집 안과 학원, 틀에 박힌 학교가 아닌 밖에 있다. 대자연과 호흡하며 호연지기를 키우며 상호 존중과 배려를 배우는 스카우트가 아니던가? 100년이 지났어도 아날로그 감성을 원형 그대로 유지하고 있는 유일한 청소년 단체, 스카우트가 답이 될 것이다. 찌들어 있는 청소년의 감성을 터치하고 리더십을 키우며 여유와 통찰력을 키우는 스카우트가 필요한 세상이 반드시 올 것이다.

그러기에 우리는 항상 준비하고 있어야겠다. 그러나 과거 잘나갈 때의 전통에만 치우치지 말고 온고이지신(溫故而知新) 하고 일신우일신(日新又日新) 하여 감동과 재미가 있는 스카우트 운동을 할 것이다.

특정 층의 전유물이 아니라 하고자 하는 의지만 있으면 누구든 스카우트가 될 수 있으며 스카우트 12가지 규율만 잘 지켜도 세상사 걱정 없이 살아 갈 수 있는 문화시민이 될 수 있게 말이다. 어른 지도자들은 후손 자녀들이 즐겁게 뛰어놀 수 있는 멍석을 깔아주면 그만인 것이다.

나는 그동안 한국스카우트 운동을 위해 좌충우돌, 수많은 시행착오를 통해 미약하나마 최선을 다했으며 2024년부터는 중앙 감사로 열심히 봉사하고 있다. 이 자리를 빌어 그동안 먼저 스카우트 운동을 위해 물심양면으로 수고하신 정성채 창설자 후손들에게 감사의 인사를 전한다.

감사합니다.

조카 정찬수 한국스카우트연맹 감사

4부
명예를 드높이다

정성채의 『소년척후교범』 발간사

1931년 12월 24일 정성채의 『소년척후교범(少年斥候教範)』이 발행되었다. 정성채 소년척후단 조선총연맹 간사장(幹事長)이 직접 쓴 머리말(序)을 그대로 싣는다.

우리의 장래 희망인 소년들을 훌륭하게 육성시키려면 개인의 인격을 존중해야 하고 스스로 훈련을 하게 해야 한다는 평소의 생각이 잘 담겨있다. 품격 있는 단어를 사용한 고어체 문장이 눈에 들어온다.

서(序)

소년은 가정과 사회, 국가와 또는 인류전체에 대하야 가장 귀한 보구(寶具, 보물 보 갖출 구)이다. 즉 산 보구이며 신과 갓치 창조력을 가진 보구이다. 그들은 신으로부터 지음을 밧아서 신으로 부처 밧을 수 잇는 모든 능력에 대하야 감수성을 가진 신비한 신물(贐物 전별할 신, 예물, 회동할 때 주는 재화)이다.

모든 물건은 그 소유주의 성질과 의향에 따라서 그 형질이 변하야 질 수 잇는 것과 갓치 이 여묘(與妙)한 신물도 역시 부모와 사회의 교훈에 따라서 선량유용하게 될 수 잇으며 또는 악

화무용의 인물로 되고 말 수도 잇는 것이다. 그럼으로 오인(吾人)은 각 그 가정으로서 그 자녀를 훈육함과 사회, 국가로서 그 민족, 국민을 배양하는 일이 그 얼마나 중대한 일임을 잘 알고 잇는 것이다.

그러나 소년은 결코 자유성이 업는 무감각한 엇더한 소유물은 아니다. 그들은 당당한 자유성과 발달성을 가진 일개의 인격임을 니저바려서는 안된다. 인격을 망각한 훈육은 효과를 보지 못할 뿐 아니라 도리혀 불행한 실패에 빠지게 하는 트집을 만들 뿐이다.

소년척후훈련은 가장 소년을 잘 이해하야 그 개성을 중요시하는 효과 잇는 훈련이다. 즉 소년을 훈련식힌다는 것보다도 소년 자신이 스사로 훈련토록 하는 지도운동이다. 가령 어룬이 하지 말라고 금하는 일이면 소션은 기어코 하고 십허하며 결국 한번 실행해 보고야 마는 것은 그들이 가진 사람의 근본성 중 하나이다.

이것이 곳 사람의 자유이며 창조력이 포함된 발달성인 것이다. 이 점을 정당하게 이용해야 국가, 사회와 인류에 행복을 증진식히는 동원(動員)의 일원이 되도록, 훈련하는 방법이 즉 '스카우팅'인 것이다.

'스카우팅은 결코 심오하고 난해스런 학술은 아니다. 여러분이 이것을 똑바로 이해된다 할 것 갓흐면 이것은 유쾌한 게임(유희)인 동시에 교훈적이며 또는 이 훈련을 주는 자나 밧는 자가 함께 그 은혜에 잠기는 경향이 잇는 것이다'라고 창시자는 말하엿다.

본서(本書)가 소년척후지도자와 기타 독자제위로 하여금 먼저

이 훈련의 정신을 이해케 되면 다음에 훈련실제에 참고로써 필요케 되기를 바라는 바이다.

조선에 소년척후운동이 시작된 지 이제 10주년을 마지하야 이를 기념하는 의사(意思)로써 『소년척후교범』 제1판(한국보이스카우트 연맹)을 발간하는 바이다.

본서를 저작함에 제(際)하야 'Scouting for Boys', 'Hand book for Boys, Boy Scouts of America', 'The Patrol System' 스카웃 독본 기타를 중요한 참고서로 사용함을 기록한다.

- 소년척후단 조선총연맹
간사장(幹事長) 정성채

소년척후교범

1962년 대한소년단의 공로장

1962년 8월 11일 사단법인 대한소년단(총재 김명선)은 정성채 선생에게 공로장을 수여했다. "위의 분은 이 나라의 스카우트 운동을 창설하여 소년 교육에 밑본이 되시었으며 오늘에 많은 소년이 스카우트가 될 수 있는 원천을 만들어주시었습니다. 이제 본단은 대한소년단 창설에 공헌하신 창설자로 본단의 최고훈장인 '무궁화 금장'을 드리는 바입니다."라고 공로장에서 밝히고 있다.

이 무궁화 금장은 한국스카우트연맹이 수여하는 최고훈장이다.

국외인사로는 아이젠하워 전 미국 대통령, 닐 암스트롱 우주비행사, 요한 바오로 2세 교황, 로널드 레이건 전 미국 대통령, 칼 구스타프 스웨덴 국왕, 엘리자베스 2세 영국 여왕 등이 수상한 바 있다.

국내 인사로 박정희 전 대통령, 반기문 전 UN 사무총장 등이, 작년 9월에 우원식 국회의장이 받았다.

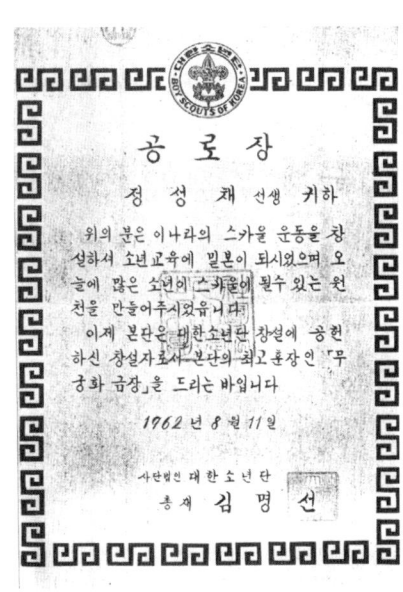

정성채 선생 흉상 제막

　한국스카우트 창시자이자 건전한 청소년 육성에 헌신한 공로로 '소년척후대' 창시자 정성채 선생 흉상이 세워졌다. 1988년 12월 9일 오후 4시 한국 보이스카우트 연맹(총재 김석원) 중앙본부에서 열린 흉상 제막식에 정성채 선생의 세 아들과 사회각처 유명인사들이 모여 훈훈한 분위기 속에 식이 거행되었다.
　한국보이스카우트 창립 제66주년을 맞아 영원한 스카우트 상징으로 삼고자 세워진 이 흉상의 높이는 92cm이며 좌대 높이는 122cm로 88년도 대한민국 문화상 조각부문을 수상한 원로 조각가 백문기 선생이 제작했다.
　백문기 조각가는 1988년 5월부터 조각 제작에 착수하면서 수차례에 걸려 가족과 친척, 고인의 제자들이 제작 현장을 방문하여 표명한 의견을 참고하여 생전의 정성채 선생 모습을 재현하려고 최선을 다했다.(제작기간: 1988년 5월 16일~10월 3일)
　이날, '조선소년군'을 창설한 조철호 선생의 공적을 기리는 흉상 제막식도 함께 거행되어 스카우트연맹 본부 건물 현관에 두 사람의

1988년 12월 19일 한국보이스카우트연맹 중앙본부에서 창설자 흉상 제막식 거행

흉상(입구 왼쪽 정성채, 오른쪽 조철호)이 나란히 서게 되었다.

청동으로 된 반신상인 이 두 개의 동상 제작 경비는 정성채 선생의 아들들이 부담했다. 아들들은 아버지를 '존경하고 자랑스럽다'며 가족들에게 다정한 분으로 추억했다.

서삼릉 파주 고양 중앙훈련원에도 정성채 한국보이스카우트 창시자의 동상이 보이스카우트 100주년을 기념하여 세워져 있다.

▼아버지 정성채의 흉상 제막식 후, 왼쪽부터 2남 찬주, 1남 찬모, 3남 찬웅

여의도 한국보이스카우트연맹 중앙본부 입구 왼쪽에 있는 정성채 흉상

왼쪽 2남 정찬주 오른쪽 7남 정찬민

2009년 정성채 장로 추모예배

　　2009년 9월 26일 대한예수교장로회 수송교회에서 정성채 장로 추모예배가 열렸다. 한국스카우트 창설자 정성채 장로가 1950년 납북된 이래 생사를 모르는 채 세월이 흘러갔다.
　　59년 뒤인 정성채 선생 탄생 110주년을 맞아 2009년 9월 26일 토요일 오전11시 대한예수교장로회 수송교회(서울시 서초구 잠원동 48-13)에서 가족들이 주최한 추모예배를 가진 것이다.

　　모시는 글
　　하나님의 은혜와 평강이 함께 하시기를 기원합니다. 금번 수송교회에서 한국스카웃 창설자 정성채 장로의 추모예배를 드리고자 하오니 부디 참석하여서 자리를 빛내주시기 바랍니다.
　　· 일시: 2009년 9월26일(토요일) 오전 11시
　　· 장소: 대한예수교장로회 수송교회

　　이러한 초청장이 가족 및 한국 보이스카우트 관계자, 지인들에게 보내졌다.

고현영 담임목사가 '거인의 어깨 위에서'를 설교하고 있다.

추모예배는 고현영 수송교회 담임목사의 사회로 묵도, 찬송(431장), 기도(수송교회 이대동 장로), 성경봉독(열왕기하 2:9~15), 찬양, 설교(고현영 목사), 약력 소개(유가족 장손 정범기 목사), 추모사 한국스카우트연맹 홍승수 사무총장, 추모사 김정의 박사(전 한양여자대학교 아동복지학과 교수), 추모 연주, 인사말(유가족 7남 정찬민 장로), 찬송(405장), 축도(고현영 목사) 순으로 진행되었다.

고현영 목사는 '거인의 어깨 위에서'라는 제목의 설교로 유가족과 성도들에게 잔잔하고도 깊은 감동을 주었다. 설교를 발췌 소개한다.

"생사를 확인하지 못해 그동안 추모예배를 못 드렸으나 인간의 나이로 110세면 하나님의 부르심을 받았을 것이라고 생각합니다. 점잖고 얌전하며 빈틈없고 의지가 굳으며 옳다고 생각하는 일에는 서슴없이 앞장서서 이루고 마는 의지를 보여준 정성채 장로님, 그분을 그리워하며 이 자리에 모인 저희들은 그분이 나그네 길을 마치고 주님 곁에 있으리라고 확신합니다.

구약성경 열왕기전에 등장하는 예언자 엘리사는 스승 엘리야의 능력을 2배 이상 받아서 하나님 부르심에 절대적으로 순종하고 끝까지 하나님 뜻을 따릅니다.

만유인력의 법칙을 발견한 천재 아이작 뉴턴은 '내가 오늘날 업적을 이룬 것은 거인의 어깨 위에 올라 더 넓은 시야를 본 것이다.'고 말했습니다. 누구나 앞선 세대가 있어 이를 발판으로 시작합니다. 다음 세대는 앞선 시대에 빚지고 있는 것입니다. 처음 아무것도 없이 맨땅으로 자기 어깨를 우리에 내어주신 정성채 장로님이 계셨기에 우리는 그 어깨 위에서 시작할 수 있었습니다. 시작할 수 없던 일을 이미 시작하였기에 우리가 시작할 수 있었습니다.

우리보다 앞서 큰길을 걸었고 우리는 이어갑니다. 더 멀리 성공에 이르자면 먼저 간 그분의 공로가 큽니다. 우리의 다음 세대 역시 우리가 멈춘 그 자리에서 우리의 어깨 위에서 시작할 것입니다. 이것이 우리가 추모예배를 하는 의미입니다."

'나라가 어려웠던 시기에 애국애족과 주님의 충실한 종으로 소년들을 새시대의 주역으로 키워주고 하나님을 경배하고 타인을 존중하며 수송교회 초석을 다진 분이 정성채 장로시다'며 그를 회고하고 추모한 이 자리는 '공식적인 사망신고'라고 할 수 있다.

추모예배에 참석한 김정의 한양여대 명예교수의 추모사는 다음과 같다.

"구도 정성채 선생은 1922년 9월 30일 한국보이스카우트를 창설하신 분이십니다. 그때 23세의 청년이었습니다. 그 후 오로지 소년단 운동을 신앙처럼 실천하셨습니다. 그러나 해방된 공간에서 한창 지도력을 발휘하실 51세 때에 안타깝게도 6·25동란의 와중에서 1950년 8월 29일 북한 요원들에 의해서 납북당하셨습니다.

그동안 생사도 모르는 59년 세월 동안 선생 본인은 물론 가족들의 고통이 얼마나 컸겠습니까? 구도 정성채 탄생 110주년 추모예배 추모사에 앞서 유족 여러분들에게 심심한 위로의 말씀을 드립니다.

구도 정성채 선생은 한민족의 굴욕기를 살다간 분이십니다. 나라 잃은 조국에서 어떻게 사는 것이 진정 이 민족에 도움이 되는 가를 인식하고 몸과 마음으로 고귀한 뜻을 실천한 분이십니다. 남들이 노동운동, 농민운동, 무장독립운동 등 성인을 대상으로 한 거창한 민족운동을 내세우고 있을 때 선생께서는 조용히 소년운동에 전력을 기울이셨습니다.

선생께서는 소년에 대한 기대감을 신앙처럼 품고 사신 분이셨습니다. 지난날 조국을 잃은 것이 성인이었다면 이제 조국을 찾을 수 있는 희망을 소년에게서 발견하신 것입니다. 그래서 소년운동으로 인생을 승부하셨습니다. 그것도 좀 더 시야를 넓혀 국제적으로 공인된 보이스카우트 운동으로 일생을 걸으셨습니다.

일제도 일본인 소년들에게 보이스카우트운동을 공인한 마당에 한국인이 한국인 소년에게 순수한 보이스카우트운동을 표방하는 것을 막을 수는 없었습니다. 바로 이 점을 착안하신 것입니다.

선생께서는 1921년부터 중앙기독교청년회(YMCA) 소년부 간사직을 십분 활용하여 동 소년부원들을 중심으로 1922년 9월 30일 소년척후단을 창단하셨습니다. 이것이 한국역사상 한국 땅에서 시작된 보이스카우트운동의 효시입니다. 그러나 선생께서는 보이스카우트운동의 창시자이셨지만 그 점을 내세우지는 않으셨습니다.

그러한 분이시기에 선생께서는 소년운동의 외면보다는 내실을 중히 여기셨습니다. 그것은 '척후준율' 2개항에 잘 드러나 있습니다. 하나님을 외경하고 타인을 존중하는 자세로 소년운동을 전개하신 것입니다. 율도에서 개최됐던 소년 인도자 야영대회 기록을 보면 선생께서는 주변 동료들로부터도 존경을 받은 지도자이셨습니다.

선생께서는 이미 1922년 10월 5일 조철호선생의 소년군 창단식에도 김성수, 송진우 선생 등과 함께 초청되어 임석할 정도의 사회 지도자급 인사이셨습니다. 그러기에 일제는 선생의 동태를 예의주시하였습니다. 그래서 선생께서는 일제의 감시망을 피하고자 항상 순수한 소년운동을 표방하셨습니다. 외면적인 민족운동을 기피한 것입니다.

그러나 당시 척후단원들의 증언에 의하면 선생께서는 기능장 훈련을 철저하게 시행하면서 역사교육을 통한 애국심 고취를 잊지 않으셨습니다. 일제가 이러한 사실을 모를 리가 없었습니다. 그래서 순수한 소년운동을 폈는데도 불구하고 단지 '단가(연맹가)'를 빌미로 1936년 소년단운동에서 선생을 물러서게 하였습니다.

그렇지만 선생은 그 후에도 굴하지 않으시고 '적극신앙단운동'과 '흥업클럽운동'을 통하여 항일운동을 펼치셨습니다. 이로 인하여 두 차례 옥고를 치루셨습니다. 그때의 수송교회 직분은 장로이셨습니다.

사실 선생께서는 3·1민주혁명 때 연희전문학교를 중퇴하고 기독교 청년회를 통하여 사회운동에 나선 지사이십니다. 그때 선생께서 맡은 분야가 소년부였습니다. 그러니까 처음부터 소년운동하고는 불가분의 인연을 맺은 것이었습니다. 그리고 선생의 주변에는 늘 가까이 이상재, 홍병덕, 유억겸, 장권, 신흥우 선생 등의 조력자가 있었습니다. 뿐만아니라 사모님이신 정수면 여사, 아우 정영채, 아들 정찬모까지 모두 소년단운동에 투신하였습니다.

이것이 선생께서 소년단운동에 전념하는 데 크게 힘이 되고 격려가 되었습니다. 실제로 '소년척후대'라는 묘목을 심어 착근시킨 것이 선생이시라면 그 뿌리를 깊게 내리게 해서 '한국보이스카우트' 하는 거목으로 자랄 수 있도록 한 것은 이분들의 공헌이었습니다.

이제 선생께서 펼치신 소년단 운동의 의의를 요약하고자 합니다. 첫째 선생께서는 한국소년단운동의 정통성을 수립하셨습니다. 선생께서는 한국보이스카우트의 창시자이십니다. 지난 1991년 세계잼보리대회까지 한국에서 성공리에 개최했던 것을 상기한다면 선생의 소년단운동의 출발은 무엇보다도 의의가 크다고 보셨습니다.

둘째 선생께서는 보이스카우트 운동을 통하여 세계시민정신을 함양하셨습니다. 국권 침탈에 의기소침해진 한국소년들에게 세계인의 일원이라는 새로운 생기를 불어넣어 앞으로 전개될 새 시대의 인류문명에 기여할 수 있는 덕성을 키워나가게 하셨습니다.

셋째 선생께서는 스카우팅을 통하여 건전한 놀이를 보급하기 시작하셨습니다.

그동안 놀이의 결핍, 놀이의 빈곤으로부터 벗어나 건전한 스카우트의 놀이를 통해 소년의 자질을 계발하고 소년의 지위를 향상시켜 건전한 한국인으로 성장할 수 있도록 도우셨습니다. 넷째 소년단운동을 통하여 암암리에 우리 민족의 민족혼을 고취하셨습니다.

이는 당시 사회운동의 공통 핵심점이기도 했지만 특히 자라나는 2세에게 민족혼을 일깨움으로써 일제의 통치로 인한 민족사의 단절 위기에서 민족독립의 담당자를 육성하는데 크게 기여하셨습니다.

구도 정성채 선생은 보이스카우트운동에 생애를 바친 소년운동가로서 철저한 신앙과 스카우팅을 통한 2세 교육으로 조국독립을 달성하려 했던 보이스카우트 운동의 개척적인 지도자이셨습니다. 선생의 탄신 110주기를 맞아 돌이키니 선생께서는 지금도 저희들의 일깨워주시는 한민족의 큰 스승이심을 알게 되었습니다. 이제 주님의 품에서 편히 안식하시길 빕니다.

끝으로 이렇게 귀한 자리를 마련해 주신 수송교회와 유족 여러분들에게 충심으로 감사의 말씀을 드립니다. 대단히 고맙습니다."

이날 한국스카우트연맹 홍승수 사무총장은 다음과 같이 추모사를 했다.

"유가족과 성도 여러분 안녕하십니까? 한국스카우트연맹 홍승수 사무총장입니다. 아름다운 청년시절, 이 땅에서 처음으로 소년척후대를 창설하여 스카우트 운동을 시작한 정성채 선생님의 삶과 신앙을 추모합니다.

어두운 시대를 밝힌 선구자이며, 자랑스러운 스카우트 선배이신 구도 정성채 장로님의 하늘나라 상급을 기원합니다.

캄캄한 하루하루를 살면서도, 신앙으로 깨우친 영웅들이 스카우트

운동을 만났기에 우리들은 부끄럽지 않은 역사와 특별한 자부심을 갖게 되었습니다. 그리고 '네 시작은 미약하였으나 네 나중은 심히 창대하리라'는 성경말씀처럼, 기적 같은 결실을 이뤘습니다.

스카우트를 위해 뛰어난 인물들이 계속 나타나고, 세계의 중심에서 활약하는 특별한 연맹으로 발전한 것은 하나님의 선하신 계획임을 확신합니다.

유가족과 성도 여러분! 우리 연맹은 스카우트 운동을 일으킨 선구자들을 영원히 기억하고 함께 할 것입니다.

정성채 장로님은 스카우트의 위대한 선배를 넘어 대한민국의 역사로 살아계시며 우리는 계속 해서 그분의 이름을 기억할 것입니다. 시간이 지날수록 그분의 명성은 우리 연맹의 발전과 더불어 높아질 것입니다.

이제 스카우트운동은 영원히 꺼지지 않는 희망의 용광로입니다. 우리는 세상의 희망이 되기 위한 노력을 끊임없이 전개하고 있습니다.

이것은 청소년을 사랑하고 시대를 이끌었던 정성채 장로님처럼, 변화를 선택한 도전에 앞장서는 지도자들이 계속해서 나왔기 때문입니다. 글로벌 시대 스카우트 운동은 더욱 큰 기회와 가능성을 위해 훌륭한 선배들의 개척정신을 이어갈 것입니다.

이 자리에 모이신 유가족과 성도 여러분, 고인의 숭고한 뜻을 기려 스카우트 운동의 질적 성장을 위해 기도해 주시고 앞으로도 많은 관심을 부탁드립니다.

우리나라 스카우트 운동을 뿌리내리게 한 정성채 선생님은 주님 안에서 스카우트 운동과 함께 영원할 것입니다. 감사합니다."

추모예배 후 가족들이 한자리에 모여 기념촬영

▼ 추모 예배 후,
왼쪽부터 7남 찬민, 2남 찬주, 4남 찬형

▼ 2018년 5월 앞줄 왼쪽부터 큰며느리 엄세숙 권사,
정찬민 장로, 민인혜 권사 뒷줄 왼쪽부터
손자 정용기 집사 부부, 조카 정찬수 집사

국립 6·25전쟁 납북자기념관

1950년 6월 25일 북한은 선전포고도 없이 38선을 기습 남침하여 개전 3일 만에 서울을 장악했다. 체제 확립에 필요한 지식인 등 인적자원 수탈과 전쟁 수행에 필요한 인력을 보충하고자 남의 인사들을 북으로 끌고 갔다.

계획하에 추진된 납북은 북한군의 감시하에 포승줄에 묶여 도보로, 폭격을 피해 밤에만 움직이면서 북으로 끌려간 인사가 10만 명 내외로 추산된다.

휴전 회담에서의 협상, 국제적십자를 통한 소식 탐지, 유엔에 납북자 송환을 촉구하는 청원문, 100만인 서명 진정서 제출 등 정부와 민간 차원의 다양한 노력에도 불구하고 북한은 생사확인조차 해주지 않았다.

국립 6·25전쟁 납북자기념관은 납북자 및 그 가족들의 명예회복과 국민들과 함께 전쟁과 분단의 아픔을 되새기고 평화통일의 의지를 다지기 위한 공간이다. 납북자 및 그 가족의 마음을 담아 특별전시관 및 상설전시관이 운용되고 있다.

2017년 11월 29일 개관한 국립 6·25전쟁 납북기념관

현재 6·25전쟁 납북기념관에 『소년척후교본』이 전시되어 있다. 『정성채의 소년척후교범』은 분류-군사-문서-서적-교범류, 크기 세로 19.0cm 가로 13.0cm 높이 2.3cm로 소장유물 3,038건 중 소장품 번호 144이다.

소장품 설명: 납북자 정성채(1899년 4월 16일 출생)가 1931년 12월 24일 소년척후단 창설 10주년을 기념하여 각국의 스카우트 교재를 참고하고 그동안의 훈련경험을 토대로 집필한 교범의 영인본. 1984년 9월 1일 한국보이스카우트연맹에서 발행함. 표지 2장, 본문 300쪽, 색인 13쪽으로 구성. 목차는 제1장 소년척후의 의의, 제2장 소년척후의 역사, 제3장 소년척후대의 조직, 제4장 소년척후훈련법, 제5장 견습척후과목, 제6장 이급척후과목, 제7장 일급척후과목, 제8장 기능장, 휘장급 공장제, 제9장 건강법, 제10장 소년척후와 청년

척후, 제11장 총영맹헌법급 세칙으로 구성. 정성채는 납북이전 외교관. 1950년 8월 29일 서울특별시 종로구 재동에서 정치보위부원에 의해 납북, 또한 납북기념관 야외 추모비의 앞면 상단에 '정성채' 선생의 이름이 선명하게 박혀있다.

2018년 5월에 납북자기념관을 찾은
정찬민, 민인혜 부부

1930년 2월 17일 YMCA 소년부 학생들과 단원으로 구성된 중앙악우회관현악단. 바이올린 앞줄 왼쪽 1번째가 정성채

5부
정성채를 말한다

정성채의 소년운동

김 정 의 (박사)

김정의 지음『한국의 소년운동(혜안)』에 나온 제1부 한국의 소년운동 제4장 정성채의 소년운동 중「정성채의 생애」를 발췌 소개한다.

- 정성채의 생애

소년척후단을 창설한 정성채는 보이스카우트 운동의 우수성을 일찍이 깨달은 스카우팅의 위대한 개척자로서 소년과 함께 청춘을 불사른 소년운동가이자 훌륭한 종교지도자였다.

정성채는 1899년 4월 16일 지금이 서울 종로구 권농동 171번지에서 아버지 정윤수와 어머니 김애심 사이에 성채(聖采), 성애(聖愛), 인애(仁愛), 영채(永采), 명채(明采), 종애(宗愛) 6남매 중 장남으로 태어났다.

어릴 때 아명은 구도였으며 성격이 온순하고 비교적 내성적으로 독실한 기독교 가문의 영향을 받으며 성장하였다.

13세가 되던 1912년, 미국인 선교사 언더우드가 설립한 경신학교에 입학하였다. 재학 중에는 운동, 음악 등 다방면에 걸려 뛰어난 소질을 발휘하였는데, 야구를 무척 즐겨 왼손잡이 선수로 많은 활동을 하였다.

음악에도 남다른 소질이 있어 하모니카와 바이올린 연주로 두각을 나타냈다. 이런 소질과 취미가 후일 홍난파 등과 같이 악우회(樂友會)를 조직하여 활동하는 계기가 되었다.

당시 경신학교에서는 학생들이 학비 조달의 한 방편으로 교내에 수방(繡房)을 차려놓고 자수를 배우고 작품을 만들었는데, 정성채는 여기에도 남다른 재질을 보여 당시의 화조(花鳥) 자수 한 폭이 지금까지 남아있다. 이때 익힌 솜씨는 후일 소년척후단을 창설하여 부인과 함께 휘장과 기능장 등을 손수 수놓아 제작할 때 많은 도움을 주었다.

1916년 3월, 경신학교를 졸업하자 곧 중앙기독교청년회관 영어과에 들어가 이듬해 3월에 졸업하고 4월에 연희전문학교 입학하였으나 1919년 3·1민주혁명 때 중퇴하였다. 그 후 정신여학교를 나온 정수면과 혼인, 슬하에 장남 찬모 등 7형제를 두었다.

1921년 중앙기독교청년회의 소년부 간사가 되었으며 그해 2월에는 숭동교회 집사가 되었는데, 기독교 가문의 성장 배경과 기독교인으로서 남다른 신앙심으로 미루어 볼 때 종교단체에 근무하게 된 것은 우연이 아니었다.

정성채는 소년부 간사직을 맡으면서 소년부원들을 대상으로 보이스카우트 운동을 연구하고 적용하기 시작, 1922년 9월 30일 드디어 소년척후단을 창단했다. 이것이 사실상 한국 보이스카우트 운동의 효시이다. (이하 중략)

1931년에는 YMCA대의 대장인 김수동 등과 같이 『소년척후교범』을 집필 발간했으나 단가(團歌)가 문제 되어 일본경찰에 압수당하였다.

소년운동을 통한 독립운동과의 관련이 부각되자 일경은 그를 요주의 인물로 지목하고 감시를 강화하니, 1936년 5월 끝내 소년부 간사직을 그만 두고 6월 조선연예주식회사(후에 OK레코드사) 부사장으로 전직하여 일본 데이 지구 레코드사 경성지점 차장을 겸임하였다.

1937년 2월 수송교회 장로로 피택되고 같은 해에 소년척후단 조선총연맹이 일제의 탄압으로 강제 해산당하는 비운을 맞았다. 한편 신흥우를 구심점으로 적극 신앙단을 조직, 기독교를 통한 사상운동을 전개하다가 서대문서에 투옥되고, 석방된 후 흥업클럽사건으로 재차 피검되어 옥고를 치르고 해방을 맞았다.

8·15광복이 되자 곧 보이스카우트 재건에 착수, 1946년에 대한보이스우트중앙연합회를 발족시키는데 크게 기여하였다. 이어 중앙위원회 위원직을 맡았으며, 1947년에는 대한소년단으로 명칭이 변경되면서 제3대 간사장에 취임, 보이스카우트 운동을 본 궤도에 올려놓았다.

1945년에는 소년 운동 및 종교계의 인물로 발탁되어 미군정청 민정관실 감찰과 차장을 거쳐 1946년에는 한국공사(韓國公社)를 설립, 부사장을 역임하였다. 1947년에는 영자신문 「Union Democrat(合衆民報)」를 창간하여 그 발행인 겸 편집국장으로 일하면서 동시에 재외동포협찬동지회를 조직, 부회장으로 활약하였다.

1947년에는 미국 경제협조처(ECA)의 농림부 담당 한국 책임자에 임명되어 해방 후 한국 경제부흥에 힘썼고 1950년에는 주일 한국대표부 전권대사 겸 주일본 연합군 사령부 파견 외교사절 단장 신흥우의 수석비서관으로 수행하였다. 이 해 한국전쟁이 일어나자 피난하지 않고 서울 고수를 주장하다가 8월 19일 서울 종로구 재동 54번지 10호 자택에서 북한 요원들에게 납치되었다. 피랍된 후 그의 생사는 알 길이 없는 채 현재에 이르고 있다.

- 맺음말: 정성채의 소년단운동의 의의

첫째, 한국 소년단운동의 정통성을 세웠다. 그는 한국소년단운동의 창시자. 최근 세계잼보리대회까지 한국에서 성공리에 개최했던 점을 상기한다면 그의 소년단운동의 출발은 무엇보다도 의의가 크다 하겠다.

둘째, 세계 시민정신을 함양하였다. 국권 침탈에 의기소침해진 한국 소년들에게 세계인의 일원이라는 새로운 생기를 불어넣어 새 시대의 인류문명에 기여할 수 있는 덕성을 키워나갔다.

셋째, 건전한 놀이를 보급하기 시작하였다. 놀이의 결핍, 놀이의 빈곤으로부터 벗어나 건전한 놀이를 통해 소년의 자질을 계발하고 소년의 지위를 향상시켜 건전한 한국인으로 성장할 수 있도록 도왔다.

넷째, 민족혼을 일깨웠다. 이는 당시 사회운동의 공통 핵심점이기도 했지만 특히 자라나는 2세에게 민족혼을 고취함으로써 일제의 통치로 인한 민족사의 단절 위기에서 민족 독립의 담당자를 육성하였다.

정성채는 보이스카우트 운동에 전 생애를 바친 소년운동가로서 철저한 신앙과 스카우팅을 통한 2세 교육으로 조국독립을 달성하려 한 보이스카우트운동의 개척적인 지도자이었던 것이다.

- 논문집 21 한양여자대학, 1998

*이 글을 쓴 김정의 박사는 연세대 문과대학 사학과 졸업, 성신여자대학교 대학원 사학과 졸업, 교육부 국사교육심의회, 국사교과서편찬심의외, 교육과정심의회 회원으로 여러 대학의 강사, 교수를 지냈다. 저서로『한국소년운동사』,『역사의 시공을 넘나들며』,『한국문명사』외 다수이다.

대한소년단을 창시한 정성채

김을한
(金乙漢, 1906~1992)

― 신흥우 박사가 사랑하던 부하

신흥우 박사가 주일대사로 임명되었을 때, 그에게는 여러 가지 포부가 있었다. 해방 후 처음으로 얻어 한 벼슬이었던 만큼 평소의 역량과 수완을 발휘할 때는 바로 지금이라고 생각하였던 것이다. 당시 주일대표부는 극도로 질서가 문란하여 직원이 두 패로 갈리어서 날마다 싸움이 그칠 새가 없었고 직원이 직원을 구타 감금하는 추태를 연출하여 그 사실이 신문에까지 보도되니, 국가의 체통이 말이 아니었다.

이에 정부에서는 정환범 주일대사를 파면하고 그 후임으로 신박사를 임명한 것이므로, 박사는 그만치 자기의 책임이 중차대함을 더 한층 느끼지 않을 수 없었던 것이다. 그리하여 대표부의 공기를 일신하고 질서를 바로잡으려면, 첫째 외교관으로서의 체통을 유지할 만한 사람을 데리고 가야겠다는 생각에서 참사관에는 누구, 일등서기관은 누구 하고 그에 해당되는 인물을 널리 구하게 되었는데 결국 알고 보니 대사는 다만 혼자서 가면 되고 다른 인사 문제는 걱정할 필요가 없다는 것이 정부의 방침임을 알게 되었으므로 신대사는 할 수 없이 단 한 사람의 비서만 데리고 갈 수밖에 없었다.

그 한 사람의 비서에 당선된 사람이 바로 정성채 씨이니, 이 한 가지 사실로만 보더라도 신박사의 수많은 부하 가운데서도 정성채씨는 제일 신임을 받은 사람이라고 할 수 있다.

그러면 정성채씨는 대체 어떠한 인물인가? 그는 서울사람으로 경신학교를 졸업하고 연희전문을 중퇴하고는 서울 중앙기독교청년회에 취직하여 소년부와 공업부의 간사로 활약하였다.

당시 청년회에는 월남(月南) 이상재(李商在) 선생과 좌옹(佐翁) 윤치호(尹致昊) 선생이 지도자로 계셨고, 신흥우 박사가 총무로 있어서 청년회로서는 가장 좋았던 시대였으므로, 정성채씨도 다감한 청년 시절에 그들의 감화를 많이 받게 되었으며, 신흥우 박사와의 관계도 그때부터 시작되었던 것이다.

내가 그를 안 것은 바로 그 무렵이었는데, 수많은 청년회 직원 가운데에서도 이건춘(李建春)씨와 정성채씨는 신박사가 가장 신임하는 부하로 유명하였었다. 그것은 성격이 깔끔하고 몸가짐이 단정했던 신박사가 특히 자기와 비슷한 사람을 사랑한 때문이었으며 그들의 사제간 정의는 끝까지 변함이 없었다.

정성채씨는 전후 십오년 동안이나 청년회에 있어서, 여러 가지 한 일도 많았으나 그 중에서도 그때까지는 한국에 없었던 보이스카우트(소년단) 운동을 시작하여 조선소년척후대를 창설한 것은 특기할 만한 일이라고 할 것이다. 월남 이상재 선생을 총재로 모시고 자기 자신은 간사장이 되어서 우리나라 소년들로 하여금 단체 훈련을 하는데 진력하였으니, 이것이 한국 보이스카우트의 시초였던 것이다.

따라서 그는 중국 북경에서 개최된 '세계보이스카우트지도자대회'와 일본 동경에서 열린 '세계보이스카우트잼보리 대회'에도 조선 대표로 참석하여 비록 왜정 치하에서나마 한국 소년의 건재함으로 세계에 과시하였다.

8·15해방이 되자, 그는 군정청 민정장관실 감찰과장으로 있다가 신흥우 박사가 영자신문「유니온 데모크랏트」를 창간하자, 군정청을 그만 두고 그 신문사 편집국장으로 취임하였으며「유니온 데모크랏트」가 재정난으로 문을 닫게 되자, 이번에는 ECA의 농림부 담당 한국인 책임자로 갔다가 신흥우 박사가 주일대사로 임명되면서 그도 또한 주일대표부의 수석비서관으로 임명된 것이었다.

그와 같이 정성채씨와 신흥우 박사는 끊을래야 끊을 수 없는 관계에 있었던 바, 그는 6·25전란 중에 납치되고, 신박사도 이미 고인이 되었으니, 이북에 있을 그가 만일 신박사의 별세를 알았다면 누구보다도 슬퍼하였을 것이다.

1927년 3월에 거행된 월남 이상재 선생의 사회장 때에는 조선척후대의 소년들이 나서서 선생의 장의를 호위하여 이채를 보였거니와 그때의 보이스카우트 제복을 입은 정성채 대장의 늠름한 모습이 지금도 눈에 선하다.

가족으로는 부인과 7형제의 아들이 있는데 장남 정찬모군은 한국전력 전남지점장으로 근무 중이다.

　　　　　　　　-『그리운 사람들』김을한 저, 아버지 우인(友人), 1961년

*김을한은 조선일보 사회부 신문기자 당시 광주학생운동, 만주사변 등 큰 사건을 밑바닥부터 취재하여 일제하 식민정책을 폭로하며 이름을 떨쳤다.

정선생님의 고결한 인품

이 창 호 (목사)

– 정선생님의 소년척후단 창설의 동기나 배경, 인품에 대하여

"YMCA에 유억겸, 이상재 선생님이 계셨을 때 정성채 선생님이 소년척후단을 창설하셨습니다. 그런데 저는 해방 후 YMCA 소년부 간사가 되면서 그때부터 보이스카우트 활동에 관여하게 되어 처음 시작할 때의 상황은 자세히는 모릅니다. 제가 본 정선생님의 인품은 고결하시고 강직하고 인자하신 신앙인이셨으며, 그 고상한 면은 외모나 걸음걸이, 말씀에서도 우러나보였습니다. 오래 접하면 접할수록 존경하게 되는 분이었어요. 6·25동란 때 피난을 못가시고 댁에서 계시다가 공산당에게 납치당하신 게 못내 안타깝습니다."

– p848, 한국보이스카우트연맹 '한국보이스카우트 60년사 좌담회'에서, 1984년

*이창호는 YMCA 4대 간사를 지냈다.

내가 본 인생 백경(人生 白景) 정성채

최 석 주 (목사)

"1922,3년대로부터 1945년 해방될 무렵까지 서울의 복판 종로거리의 3총사, 혹은 세 쌍둥이 같은 세 사람의 동행은 홍병덕(洪秉德), 이건춘(李建春), 정성채(鄭聖采) 3인이었다.

'물을 부어도 샐 틈이 없다', '색시같이 얌전하다', '키는 작아도 마음은 크다' 이런 말들이 그이들에게 알맞은 평이 될 지도 모른다. 그들은 50년이 지난 지금에도 변함이 없는 우정을 지니고 있다. 다만 그중에서 한 사람이 없어짐이 옆에서 보는 사람도 적적해할 뿐이다.

그는 경신학교를 졸업하고 연희전문학교 문과를 수업하던 중 1921년 불려나와 YMCA 소년부 간사로 나온 것이 첫 출사였다. 그후 38년까지 Y 간사직을 가지고 있었으며 '조선소년척후대(보이스카웃)' 창설에 전력을 기울였다. (p274)

"그의 신앙생활, 혹 교회생활은 대를 이은 신앙인이다. 그 선교사

정윤수 장로는 승동교회 중심이 되는 장로로서 지금의 팔당 등지에서 전도사업에 종사하였다. 지금도 그 흔적이 남아있다." (p274)

"내가 특별히 기억되는 한 가지는 수송교회를 섬기던 때 태평양전쟁 말기고 피란이다, 소개다 하고 떠들어내고 또 내가 일본에서 돌아와 국내 사정도 서투른 때라 그 때 평북 선천에서 살다가 서울로 돌아온 임(林)이라는 친구가 집이 없어서 내가 살던 사택 쪽마루에 방 두 개 있는 집에 방 하나를 빌려달라는 것이었다. 좀 염치없는 소청이지만 안 받아들일 수 없는 딱한 사정이었다. 방 두 개에서 10식구나 되는 사람이 살아야 한다. 딱한 형편이다. 할 수 없이 밤에는 예배당의 한 구석에서 잘 수밖에 없는 데까지 이르렀다. 와서 유하는 객도 미안하고 목사는 목사대로 죄송하기 짝이 없었다. 이런 복잡한 상황에서 '목사가 집세를 놓아 먹는다'는 몰이해한 소리가 나자 미숙한 목사는 흥분하고 소리를 높여 떠들었다. 약간 창피한 일이다. 그때 정장로는 조용히 '목사가 세를 놓다니, 아니 아니!' 그러고서는 먼 산을 바라보면서 혼자 소리같이 목사를 위로하고 격려하는 것이었다.

목사는 오해와 몰이해 중에 참으로 위하는 친구가 있다는 사실을 오래 오래 마음속으로 감사하였다. 그의 우정은 고요히 계속 되어 내가 일본에서 교회를 섬기다가 1년에 한 번 잠시라도 서울에 돌아오면 여러 가지로 분주한 틈에서도 반드시 시간을 미리 정해 갖고 예의를 갖추어 점심을 사는 것이다. 그 장소는 호화롭지 않지만 조촐한 미쓰고시(三越) 식당이었다. 기억에 남은 일이다.

그의 장남 찬모군의 술회를 들어보면 말이 없이 고요하나 권위 있는 아버지였다. 한번 군이 진고개, 지금 명동 부근에서 친구를 만나 밤이 늦도록 있다가 자정이 가까울 때 급히 종로를 거쳐 그의 집 재동을 향해 급한 걸음을 걸을 때 종로거리에 나서있는 그의 아버지를 만나게 되었더라는 것이다.

그는 그 아들을 보자마자 말 한마디 하지 않고 앞서서 집으로 향하는 것이었다는 것이다. 군은 꾸중 듣기를 각오하고 기다렸으나 내내 한 말씀도 없었다는 것이다. 아들의 마음은 말씀이 없으면 없을수록 조심 되고 책임을 느낀다는 얘기, 이런 일화는 한두 가지가 아니다. (p275, 276)

"생각하면 억울한 일이지만 6·25의 남침을 당하였을 때 우리 따위는 덮어놓고 도망칠 궁리 밖에 없을 때 그는 생각하고 '그들도 사람인데!', '혼자 피신하고 가족에게 해가 미치면!' 등등을 생각하여 그 가족에게는 물론 우리에게도 되돌아오지 못하는 아픈 마음을 남기었다. (p277)

- 대한기독교서회 발행, 『내가 본 인색백경』,
최석주 선집4, p274~277, 1974년

*최석주 목사는 1943년 7월 수송교회 목사로 취임하여 교회 발전을 위해 힘썼다.

남한에서 납치된 이들

김춘배 (목사)

서울 수송교회 설립자의 하나인 정성채는 서울 태생으로 일찍부터 중앙기독교청년회에 헌신하여 소년부 간사로 자랐다. 소년부 간사로 활동하는 한편 당시 보이스카웃 총재인 이상재 밑에서 우리나라 보이스카웃 육성에 이바지한 바 크다. 또는 당시 청년회 총무 신흥우의 총애를 받아 일하였다.

우리나라가 해방이 되어 일본에 주일대표부를 설치하고 정부가 주일 특명대사로 신흥우가 임명되매 정성채는 그 수원(隨員)으로 일본에 가서 대사를 보좌하였다. 신 대사가 해임되매 그도 본국에 돌아오니 이때 바로 1950년 6·25가 터졌다.

뜻밖에 별안간 사변이라 몸을 피하지 못하고 서울에 있다가 납치되고 말았다. 그의 가정은 아버지가 장로요 온 가정이 신앙이 돈독하여 두 아우와 여러 아들이 다 같이 교회를 충실히 받들고 있다.

수송교회는 6·25사변에 교회의 주석(柱石)같은 인물들을 잃었으니 설립자의 하나인 장로 이정진이 또한 납치되고 설립자의 또 하나인 김자평(金子夌平)은 전라북도 내무국장직에 있다가 공산군에게 학살을 당하였다.
　-『한국기독교수난사』 김춘배 목사 엮음 제2부 정성채 p232, p233, 1969년

　*수송교회는 1935년 5월 12일 종로구 인사동 소재 승동교회에서 분리 독립되어 1935년 8월 종로구 수송동 116번지에 건물을 매입하여 수송교회 간판을 달았다. 1938년 4월 정성채 장로 장립, 1959년 5월 정수면 권사 취임, 1980년 7월 수송동에서 마지막 예배, 1984년 5월 20일 반포동에 새성전 봉헌예배에서 정찬모 장로를 장립했다.

최초의 범 대원(隊員) 김용우와 정성채 간사장

    보이스카우트 대원으로서 진급의 최고 급위이며, 스카우트 정신과 기능의 명예로운 표상으로 모든 대원들에게 선망의 대상이 되는 범 대원이 1957년도에 최초로 탄생되었다.

    1957년 2월 22일 반도호텔에서 거행된 세계우애일 행사 식전에서 당시 대한보이스카우트연맹 전국위원이며 서울·동경연맹위원장인 김용우(金用雨)에게 우리나라 최초의 제1호 범 대원기장이 수여되었다.

    제1호 범 대원 기장을 수여하기까지는 일제하로 거슬러 올라간다. 1924년 김용우는 선친 김진후 목사가 담임으로 있는 서울 정동교회에 조직된 서울 제3대 정동 척후대에 입대하여 김기연(金基演) 대장의 지도아래 스카우트 정신과 기능을 연마하기 시작하였다.

    당시 대원들은 진급과 기능장 취득에 매우 엄격한 심사를 거쳤고 기능장을 얻기 위하여 온갖 심혈을 다해 노력하고 활동하였다. 이러한 과정을 거치는 동안 1929년 7월에는 한강에서 당시 배재중 수학교사인 김성호가 물에 빠져 3회에 걸쳐 솟구쳤다 가라앉는 등 익사 직전인 것을 구조하여 인명구조장 자격 취득을 인정받았다.

당시 이처럼 우수한 스카우트 정신과 뛰어난 기능을 발휘하던 김용우를 심사한 진급 심사위원은 소년척후대 창설자인 정성채였고 그는 늘 김용우의 뛰어난 스카우트 기능과 활동에 칭찬을 아끼지 않았다.

이렇게 하여 김용우는 소년척후대에서 '범 대원' 제도가 설립된 이래 최초로 자격을 획득하였다. 그러나 그 당시에는 자격 메달이 준비되어 있지 않아 범 대원 자격 취득 대원이 앞으로 더 나오면 메달을 제작하여 수여하기로 약속했으나 이후 이행되지 못한 채 일제에 의하여 강제 해산을 당하고 말았다.

광복 후 정성채는 간사장으로 재임하면서 기회가 있을 때마다 누차 기장을 소급하여 수여하겠다고 말하며 성대한 기능장 수여식을 마련하려고 벼르다가 6·25동란 중 북으로 납치당하여 기장 수여식이 더욱 지연되었다.

그 후 대원 기장 수여 문제가 다시 논의되어 전용한(全湧漢)이 정성채 발언 증언과 김용우의 대장이었던 김기연이 증인이 되어 1957년에 이르러서야 비로소 기장이 수여되는 경사를 맞이한 것이다.

이런 영예와 자랑을 지닌 김용우는 1982년 현재 한국보이스카우트연맹 치이프 스카우트(Chief Scout)이며 그동안 총재와 사무총장을 역임하면서 연맹 발전에 많은 공헌을 하였다.

경신의 빛난 얼
- 청소년운동의 선구자 정성채 선배

  일찍이 청소년 운동의 필요성을 절감한 위대한 청소년운동의 개척자로서 소년들을 위하여, 또 그들과 함께 청춘을 불사른 소년운동가이자 훌륭한 지도자였던 정성채 선배(1916년 졸업)께서는 1899년 4월 16일 서울 종로구 권농동 171번지에서 아버지 정윤수씨와 어머니 김애심 여사의 장남(3남 3녀)으로 태어나셨다.

  1912년 13세가 되던 해에 경신중학교에 입학하셨다. 재학 중에는 야구를 좋아하여 왼손잡이 선수로 활약하셨으며 음악에도 남다른 소질이 있어 하모니카와 바이올린 연주로 두각을 나타내셨다. 특히 음악에 타고난 재질과 재학 시의 음악 활동을 후에 홍난파 등과 같이 악우회(樂友會)를 조직하여 활동하게 된 계기가 되었다.

  당시 경신중학교에서는 과학기술의 발전과 실업교육을 중시하고, 학비 조달이 어려운 학생들을 위해 경신학교 안에 수 공부를 설립하여 직조과, 염색과, 자수과, 양말과, 재봉과, 축물과를 설치하고 제 힘으로 학비를 벌어 배우는 자주자립의 정신을 길러주었다.

선배님께서는 자수과에서 자수를 배우고 작품을 만드셨는데, 당시의 화조 자수 한 폭이 지금까지 남아 선배님의 뛰어난 솜씨를 전해 주고 있다. 이때 익힌 솜씨로 후에 소년척후단(후에 보이스카우트로 발전됨)을 창설하여 부인과 같이 휘장과 기능장 등에 손수 수를 놓아 제작하실 수 있었던 것이다. (p205, p206)

일본의 식민지 정책이 점차로 가혹해지고 구제성을 띤 사업에 탄압이 심해지더니 '소년척후단 조선총연맹'이 강제 해산당하는 비운을 맞았다. 그 후 신흥우 선생과 신앙운동을 통한 사상운동을 전개하다가 서대문서에 투옥, 석방되었으나, 해외독립운동 자금을 조달한 사실이 발각된 흥업구락부 사건으로 재차 피검되어 옥고를 치르고 해방을 맞으셨다. (p207)

1950년 6·25동란이 일어나자 가족에게 해가 미칠까 염려하여 유광열씨 등이 피신을 하라는 권고를 했는데 피하지 않아 억울하게 납북되시어 소식조차 알 길 없이 오늘에 이르고 있다. (p 207)

― 경신 중·고등학교 발행, 『경신의 빛난 얼』에서, p205~277

전혜금씨(지휘자 금난새의 어머니)의 편지

정범기 목사님께
(정범기 목사는 정성채의 장손으로 장남 정찬모의 아들이다)

중앙일보에 정성채 장로님 추모예배가 있다는 기사를 읽고 감격스러웠습니다. 저는 지금부터 칠십여 년 전에 수송동에 있던 수송교회(전필순 목사님) 계실 때 그 교회에서 정성채 장로님을 처음 만나 뵈었습니다.

그날 제가 독창자의 풍금 반주를 하는 것을 보시고 예배 마친 후에 정장로님께서 "의사가 있으시면 저희 회사에 같이 일할 수 있겠느냐"고 말씀하셨습니다. 저는 그때 학교를 갓 졸업하고 수송교회에 다니는 이모님 따라 수송교회에 처음 간 날이었습니다.

그로 인연이 되어 정장로님과 같이 그 회사에서 일년간 근무하였던 사람입니다. 정장로님의 성품은 온화하시면서도 강직하셨고, 피아노도 잘 치시고 손에는 언제나 카메라를 지니고 다니시는 개화된 분이었습니다.

 시골에서 온 저에게 각별히 친절히 대해주신 점에 대하여 칠십 년이 지나도록 마음에만 간직하고 감사를 못 드렸는데 오늘 이 기사를 읽고 저로서는 얼마 남지 않은 여생의 갚음을 할 수 있는 기회가 되어 너무나 감격스럽습니다.

 내가 다니던 그 시절에는 사무실에 신흥우 선생님이랑 여러 인사들 또는 종로경찰서 한국 형사도 수시로 오가고 하는 상황이었습니다.

 일년을 근무하는 동안에 많은 것을 배우고 저는 교원 검정고시를 쳐서 초등학교 교사로 임명을 받아 근무하게 되어 자연 정장로님과는 멀어졌습니다.

 오늘 이 기사를 보고 새삼 칠십여 년 전의 그때를 생각하고 사모님이라 큰 아드님(그때 경기도상에 다니는 아들)도 계셨고 할머니도 계셨고 아주 평화로운 가정이었습니다. 정장로님께서 저에게 친절과 고마움을 이 나이가 되도록 갚을 길이 없었습니다. 오늘 이 예배에 저는 참석합니다. 그동안의 밀린 고마움을 속죄하는 의미로 이 예배에 참석하게 됨을 기쁘게 생각합니다.

 장손 정범기 목사님을 위시하여 수송교회의 무궁한 발전이 있으시기를 바라며 정장로님을 생전에 만나 뵙지 못한 마음을 전합니다.

2009년 9월 26일 전혜금

- 등봉하는 금액 이십만원 중 십만원을 교회에 연보로 바쳐주십시오. 나머지 십만원은 목사님과 사모님께서 점심식사라도 꼭 하셔서 저의 정장로님에 대한 그리움을 대신 해주시면 감사하겠습니다.

*전혜금은 작곡가 금수현의 부인으로 지휘자 금난새의 어머니다. 1943년 인천 부평 대정보통학교 교사로 있다가 결혼했다. 금수현은 한국에 서양음악의 씨앗을 심어 음악의 대중화에 크게 기여했고 1947년 '그네'(작사 김말봉, 작곡 금수현)로 유명하다. 피아니스트 전혜금은 동래교회 반주자를 지냈으며 금수현 전혜금 부부는 피아니스트 백건우에게도 좋은 영향을 주었다.

6부
정성채 어록(語錄)

- 소년은 가정과 사회, 국가와 또는 인류 전체에 대하여 가장 귀한 보물이다. 즉 산 보배이며 신과 같이 창조력을 가진 보배이다. 그들은 신으로부터 지음을 받아서 신으로부터 받을 수 있는 모든 능력에 대하여 감수성을 가진 신비한 신물이다.

(정성채, 『소년척후교범』, 서문 1쪽에서, 1931)

　- 소년척후 훈련은 가장 소년을 잘 이해하여 그 개성을 중요시하는 효과 있는 훈련이다. 척후단의 소년지도방법은 소년들을 가르치는 것보다도 스스로 소년 자신이 자기를 교육하도록 자극시키는 것이다.

(정성채, 『소년척후교범』, 서문 1쪽에서, 1931)

　- 자유성과 발달성을 가진 일개인의 인격임을 잊어버려서는 안된다. 인격을 망각한 훈육은 효과를 보지 못할 뿐 아니라 도리어 불행한 실패에 빠지게 하는 트집을 만들 뿐이다.

(정성채 『소년척후교범』 서(序) 1쪽에서 1931년)

　- 소년척후운동은 종교 그것은 아니다. 그러나 소년척후운동의 토대는 종교심으로 하였다 하여도 과언이 아닐 것이다.

(정성채, 『소년척후교범』, 30쪽에서, 1931)

　- 전쟁의 척후 외에 평화의 척후가 있다.

(정성채 『소년척후교범』 2쪽에서 1931년)

- 소년 시기는 모든 것이 아직 터가 잡히지 않았으며 또는 그 심리가 치우치는 경향이 있다. 고로 교육에 대하여 주의할 점은 어려서부터 한 가지 치우치는 교육을 피할 것이다. 소년 시에는 만능한 인격을 배양하려고 힘써야 할 것이다.

(정성채, 「이상에 치우침보다 실제생활로」, 동아일보 1927년 4월 30일)

　- 소년은 명령보다는 자발적인 행동을 즐겨한다. 지도자는 명령으로 보다는 감화(感化)로써 지도할 것이다.

(정성채, 『소년척후교범』 31쪽에서, 1931)

　- 국가, 사회와 인류의 행복을 증진시키는 동원(動員)의 일원이 되도록 훈련하는 방법이 즉, '스카우팅'인 것이다.

(『한국보이스카우트 60년사』, 1922~1982, 67쪽에서)

　- 호두(虎頭)는 조선을 표명한 것이니 즉 '소년척후단 조선총연맹'의 척후됨을 표시함이라.

(정성채 『소년척후교범』 40쪽에서, 1931)

　- 조선에서는 어린이에 대한 기관이 전부 없었다고 하여도 가하나이다. 어린아이가 있으면 집에서 심바람이 나 식혔고 그렇지 않으면 글방에나 보내는 것이 제일에 일이었습니다. 그래서 어린아이들은 오직 구속만 받게 되는 것이 그의 할 일인 줄만 알았다고 우리가 인정해 왔습니다. 그럼으로 우리는 어찌하면 그들로 하여금 자유스럽

게 또는 자연 그대로 지나게 할 까 하고 비상 근심하였습니다. 그래서 작년 4월부터 소년회의 주최로 소년척후단이라는 것을 조직하게 되었습니다. 이것은 서양으로 말하면 '보이스카우트'란 것입니다.

(척후군과 금후방침, 중앙기독교회소년부 간사 정성채씨 담화에서, 조선일보 1923년 1월 15일)

- 내가 본래 중앙기독교청년회 소년부 일을 보게 되었음으로 소년부 어린이에게 이전부터 소년척후대의 정신을 많이 넣어주었다가 차림차림이를 세계 '보이스카우트'로 하고 나서기는 1922년 9월 30일이었습니다.

(목적은 동일인데 방침이 각각 현주에서, 동아일보, 1925년 10월 10일)

- 보이스카우트는 세계적인 것을 조철호씨는 구태여 조선식으로 하자는 게 제일 질색입니다.

(목적은 동일인데 방침이 각각 현주에서, 동아일보 1925년 10월 10일)

- 소년척후훈련은 일대유희(一大遊戲)이다.

- 소년운동 중에는 소부분(小部分)일지라도 군사적 의미가 포함되지 아니하였다.

7부
신문 기사 모음(1922~1946)

1922년~1946년까지 조선일보와 동아일보에는 며칠 건너 한 번씩 소년척후대의 활동과 정성채에 대한 기사가 게재되었다.

　신문기사를 통해 정성채가 참여한 해외 소년척후대회의 면면을 볼 수 있고 서울 시내를 비롯 인천, 안악, 원산, 청진 전국 방방곡곡에서 소년척후대 소식을 알 수 있다. 더욱이 용정을 비롯 북간도 지역 소년척후대와 한인 동포들의 후원뿐만 아니라 1926년 1월에는 미주 동포 애리조나 거주 동포 12인이 고국의 소년들에게 미화 35달러(당시 70원)를 이상재 총재에게 전달하여 이는 기본금으로 영구보전 하겠다고 한 일도 있었다.

　특히 소년척후대는 굶주린 빈민들을 위해 쌀과 조를 전달하고 동정금 모금, 빈민구제 위한 동정 메달 판매, 자살자 구조운동 등 다양한 사회 봉사활동을 펼쳤음이 기사를 통해 잘 알 수 있다.

　또 정성채 한국보이스카우트 창시자가 해외에서 열린 대회에서 조선소년척후대를 소개하는 한편 한반도 곳곳을 돌아다니면서 활발한 활동을 펼친 것이 보인다. 그는 암울한 식민 시대를 사는 조선 소년들에게 빛과 희망을 주었다.

　*참고: 신문 기사에 '소년척후대', '소년척후단 조선총연맹'을 기자가 혼동하여 아래와 같이 부르고 있다. 조선소년척후대, 척후군, 소년척후단, 조선소년척후단, 소년군, 총연맹, 척후단, 척후연맹, 조선총연맹, 소년척후 총연맹, 소년척후군)

　신문 기사의 전체 혹은 일부를 발췌 소개한다. 한글 표기법이 현재 많이 바뀌었지만 무슨 뜻인지 알 수 있고 또 옛 정취를 살리고자 그대로 기재한다. 예를 들어 잇다(있다), 만흔(많은), 조직되여(조직되어), 인하야(인하여), 엇다(었다), 한하야(한하여) 등등이다.

신문: 조선일보
발행: 1923년 1월 5일(석간 3면)
주제: 새해에 어린이 지도는 어찌할가?(2)
제목: 척후군과 금후방침(今後方針)
서양의 '보이스카웃'과 같이 남을 도와주는 것이 제일 사업
담화: 중앙기독교회 소년부간사 정성채씨

참으로 그렇습니다. 조선에서는 어린이에 대한 기관이 전부 없었다고 하여도 가(可)하나이다. 어린아이가 있으면 집에서 심바람이나 식혔고 그렇지 않으면 글방에나 보내는 것이 제일의 일이었습니다. 그래서 어린아이들은 오직 구속만 받게 되는 것이 그의 할 일 인줄만 알았다고 우리가 인정해왔습니다. 그러므로 우리는 어찌하면 그들로 하여금 자유스럽게 또는 자연 그대로 지나게 할 까 하고 비상 근심하였습니다. 그래서 작년 4월부터 소년회의 주최로 소년척후단이라는 것을 조직하게 되었습니다. 이것을 서양으로 말하면 '보이스카우트'이란 것입니다.

그런데 그곳에서는 어린아이가 있는 집이면 누구나 반드시 '보이스카우트'라는 단체로 보내어 치루어 나가게 하나이다.

그런데 '보이스카우트' 하는 것은 혹시 군인 같은 생활을 하는 것 같지만 결코 그렇지 않습니다. 어린아이나 부인이 위험한 일을 당해 자기 힘으로는 도저히 할 수 없는 경우를 볼 때 속히 가서 그것을 구제하고 그 밖에도 무슨 일이든 사회의 유익한 일이면 하도록 주선해 주는 것입니다.

새희에어린이指導는엇지홀가? (二)

斥候軍과今後方針

서양의 『쏘이쓰카옷』과갓
남을도아주는것이데일사업

中央社會敎育少年部幹事 鄭聖采氏談

참으로그릿슴니다 조선에서는 어린이에 대한커관이 전부업섯다고 하야도 과하외다 어린아회가 잇스면집에서 심바람이나식혓고 그릿치안호면 골방이나 뒤ㅅ 뜰에서 자긔들의입으로 먹이어온것이 라 그리하야 어린 아희들은 오직구속한밧게 는것이란 그런데 그는 시군인 훈성활을하는것은 가인당하야왓섯슴 그럿치만 그로되는것은다 시럽고만하엿스며 사람이 그러나이것은 결코그린것이안 이외다 그러케야 길도덜어가다가도 외국 에서는 어린아희가 잇는집에만 들어가면 무엇을쓸가 사줄 늣하면 길로덜어 가다가 드 려다보고 싸토라ㄴ 가을샌어면 업껏싸다 쓰도만가요 네 외국은 다른돈이들일요 안우 돈어업시도 자긔내가 스스로 지여 놋는것이외다 우리조선에서는 서모히 든지 사회의유이한 일이면하도 록 속히가셔그 척분

서양으로 말하면 『쏘이쓰카옷』 이라는것이외다 그런데그모 라나지금싸지이무엇도 한입이라고 일본에도서편사람이라면 누 에도너납다고 하야도 완할한 것이와다 그림에 한입어서 누 구나 한다시 『쏘이쓰카옷』이라 단체로 보는디여 어나케하나니 「쏘이쓰카옷」이라는것은 혹 히외다 이것이 죽 소년척후군의사 업으로힛하는바이와다 그런데현저 하게한사람에면 신사명이라고 히외다

이외다
외다그럼으로국 어린아이외다 보등네웃다가 토식움갑만들 한것으로 완전하계시만수다 바

안될것이
자긔혼자

그리서작년사철부리우리소년 의국최로소년철후단(斥候團)인 것을조직하게되엇슴니다 그사

이것이 즉 소년척후군의 사업으로 행하는 바외다. 그런데 현재 우리회의 회원은 십사 명이외다. 그러나 지금까지 아무 것도 한 일이라고는 전부 없다고 하여도 가하외다. 그럼에도 서양 사람으로 말하면 옷을 만들어 입어도 자기네가 스스로 지어서 입게 됨으로 제도만 같을 뿐이지 그 외에는 다른 돈이 들 필요가 없겠지만은 오직 조선에는 따로이 돈을 들이지 않으면 안 될 것이외다. 그러므로 극히 어려운 바이외다.

보통 여름날 같으면 운동복에다가 토식물감을 들이면 그것으로 완전하겠지만 겨울옷을 말하면 돈이 적지 않게 되나이다. 이러한 형편에 있음으로 회원을 좀 많이 모집하고 싶으나 경비 문제로 인하여 어렵습니다. 그리고 척후군들도 아직 처음인 고로 무엇을 하려면 조금 부끄러운 기색을 보이고 수줍어하나이다.

그런데 금년부터는 되도록 회원도 늘이고 조금 일다웁게 하려고 회의를 하는 중이외다. 그래서 조선의 소년들에게도 자연 계와 직접의 연락을 받아서 전보다 천진스럽게 자유스럽게 하고자 하나이다.

어린이부터 이렇게 해방하고 자유를 주지 않을 것 같으면 우리의 사회는 언제까지든지 이 상태를 면치 못할 것이외다. 그러나 우리의 척후군으로 말하면 종교 범위 안에서 실행하는 고로 일상의 행동도 군인 같은 생활을 시키지 아니하나이다.

체조라든지 그 외의 무엇이든 형식에 의지하여 하지 않은 군인적의 생활은 시키지 아니하며 단지 남을 도와주기를 제일의 목적으로 시키는 바이외다 라고 말하더라.

신문: 조선일보
발행: 1924년 4월 13일(석간 3면)
제목: 척후단원 발정(發程)

총연맹 부간사장 정성채씨가 오는 십팔일로부터 이십일까지 삼일간을 중국 북경에서 개최되는 제1회 극동국제 '보이스카우트' 단체가 출석하는데 대하여 소년척후단 조선총연맹에서는 부간사장 정성채(鄭聖采) 씨가 축하겸 견학하기 위하여 오는 십사일 아침에 경성을 출발한다더라.

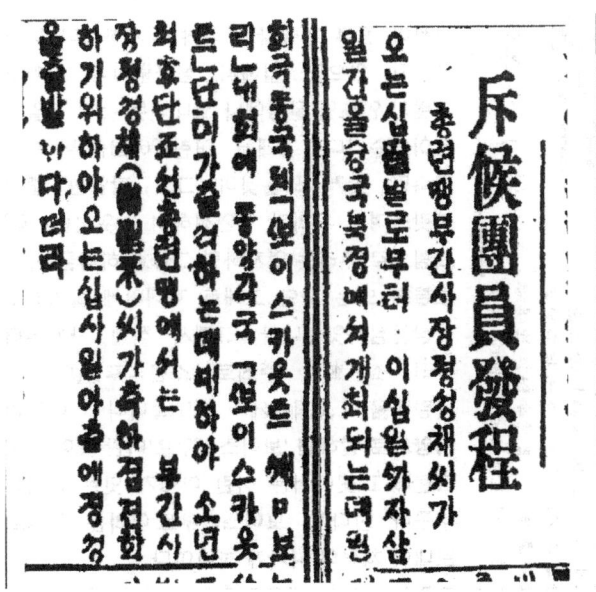

신문: 조선일보
발행: 1924년 4월 15일(석간 3면)
제목: 척후연맹 대표 박창한, 정성채씨 작야 북경에 출발!

오는 십팔일부터 이일간을 두고 중국 북경에서 열리는 극동 국제 소년척후군 대호에 조선에서도 대표자가 참가하기로 되어 있어 소년 척후단 조선총연맹에서는 부간사 정성채(鄭聖采)씨가 출발한다는 것은 이미 보도된 바이어니와 동단 부총재 박창한(朴昌漢)씨도 출석할려고 하였으나 신병으로 유예미짐 중이더니 다행이 씨의 병세가 쾌함으로 작 십사일 오후 열시이십분 북행 열차로 정씨와 함께 북경을 향하여 출발하였다더라.

신문: 조선일보
발행: 1924년 4월 25일(석간 3면)
제목: 근동소년척후단 대회 18일부터 성황으로 개최

조선에서 간 박창한, 정성채 두 대표 일반 동포의 환영리에 안착하였다.

지나간 십팔일 중국 북경 천단에서 개최된 근동소년척후단 대회에 참석하기 위하여 소년척후단 조선총연맹 대표 박창한(朴昌漢), 정성채(鄭星采) 양씨가 북경을 향하여 출발함은 이미 보도하였거니와 양씨는 지난간 십육일에 북경에 도착하였는데 정거장에는 북경 천진에 있는 중국 소년척후단과 조선인 기독교청년회장 심천씨 이외에 다수한 동포들이 환영하였으며 예정과 같이 십팔일부터 대회가 개최에 착수하야 그 날은 천막으로 설비하고 그 이튿날 오전 아홉시부터 검열하기를 시작하여 오전 아홉시 반에는 입장식을 거행하였는데 출석한 각국 소년을 중국, 미국, 영국, 노국, 오국, 캐나다, 조선 등 일곱 나라 대표가 삼백이십사인의 다수이었고 오전 열시부터 용감함 소년들의 경기가 시작되었는데 그 순서는 아래와 같다더라.

- 오전 10시 단원 척후적 경기, 점화법, 결승법, 척후보법, 신호전 신암호
- 오후 2시 장해물 경주, 천막장법, 구급법, 바스켓볼, 선기경주, 요리조제, 자연연구, 지도관 계법, 일일일선 모형, 체조, 야외전보
- 오후 8시 야영천막, 서처로 분하여 각기 사교적으로 경과할 것

양씨 북경 출발
이십오일 아침에 북경도착

박창한(朴昌漢), 정성채(鄭星采) 양씨는 북경을 출발하여 봉천에 도착하였는데 금일 아침에 떠나 이십오일 오전에는 경성역에 도착할 예정이라더라.

신문: **조선일보**
발행: 1924년 4월 25일 (석간 3면)

신문: 조선일보
발행: 1924년 4월 26일(석간 3면)
제목: 척후대회와 조선 대표의 우대

　박창한씨는 작일에 입경, 지나간 십팔일부터 이십일까지 중국 북경 천단에서 개최된 화북국제 소년척후단 대회를 축하하기 위하여 소년척후단 조선총연맹 대표 박창한, 정성채 양씨가 북경으로 갓다 함은 이미 여러번 보도한 바 어니와 양씨는 그 대회이 내빈으로 우월한 대우를 받았다는데 대회 개최 중 양씨를 위하여 특별히 설치한 천막 속에서 조석으로 열리는 각 단체 인도자 대회에 참석하여 각 인도자에게 축하의 뜻을 표하였으며
　십구일 밤에는 그 대회의 가장 취미가 깊은 회석이라 그 회장 중앙에 큰 '화토불'을 밝히고 삼백여명의 소년척후와 각 단체 인도자와 대회 주장과 위원 등이 모두 그 불을 중심으로 학 돌아 안져서 위원장이 부르는 순서대로 각 국가 소년척후와 인도자 등이 나와서 사교적으로 음악과 또는 유회 고담 등으로 서로 즐기는 중 조선총연맹 대표 양씨에게 무엇이던지 우리를 위하여 말하여 주기를 바란다고 청구함으로
　정성채씨가 말하기를 나는 조선척후단의 한 사람으로 이번에 초대를 받어 이 회에 참석하게 됨은 대단히 기쁜 일이나 다만 축하하려 옴에 불과 하고 여러분과 갓치 대회에 참가치 못함은 매우 유감으로 아는 바이며 내가 이곳에 올 때에 우리 조선척후단들이 여러분에게 문안하야 달라는 부탁이 잇슴으로 지금에 간단한 말로 전하노라. 그

리고 내가 지금 여러분에게 변변치 못하나마 조선 가곡 한마디를 들려들이 겠노라고 하고 조선가곡으로 '잼보리' 축사를 지어 노래하매 일동은 박수 칭송하엿으며 이십일에는 각 단체 경기가 잇슨 후 우승기 수여식을 거행하얏는데 우승기는 중국 통주 서양인 소년척후대로 돌아 갓으며 성적의 이들은 천진에 있는 각 단체 연합소년척후대로 삼등은 향산 중국소년척후대로 사등은 북경청화소년척후대라는데 그날 오후 두시에는 중국 대총통 죠곤씨가 대회 출석자 전부를 초대하여 다과를 향용하고 축사를 진술할 후 각각 돌아갔는데 대회에 참석하였든 박창한씨는 작일 아츰 경석에 도착하였다더라.

신문: 조선일보

발행: 1924년 6월 28일(석간 3면)

제목: 소년척후단에 가맹이 일증(日增)

청진과 간도에서도 가맹

조선에서 소년척후단의 창립이 점점 늘어가는 터인데 근자 청진(淸津) 청년히 안에 설립된 소년척후단과 북간도(北間島) 용정촌(龍井村) 동포 설립 용정(龍井)소년척후단에서 지나간 이십육일에 경성에 있는 소년척후단 조선총연맹에 가맹을 신청하였다더라.

少年斥候團에
加盟이 日增
청진과간도에셔도가맹
죠션에셔소년쳑후단(少年斥候團)의창립이점점늘어가는터인데 근자쳥진쳥년회(淸津靑年會) 안에셜립된소년쳑후단과 북간도(北間島) 룡졍촌(龍井村)하는동포의셜립한 룡졍소년쳑후단에셔 지나간이십륙일에 경셩에잇는 소년쳑후단죠션총련맹에가맹을신쳥하얏다더라

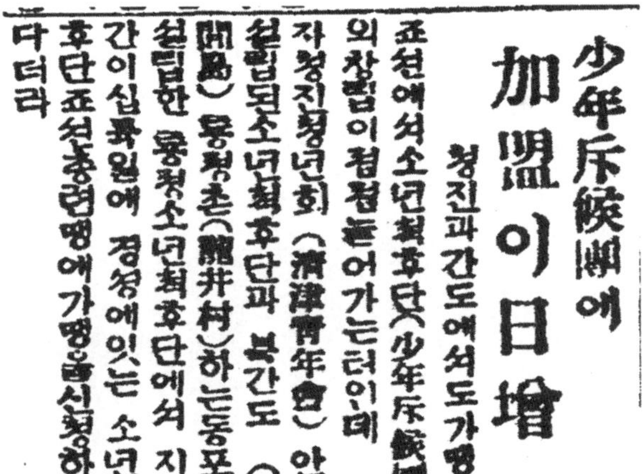

신문: 동아일보
발행: 1924년 7월 12일(석간 2면)
제목: 소년척후단 야영수양 이십일일부터 나흘 동안 개최

소년척후단 조선총연맹에서는 전 조선 안에 잇는 소년척후 인도자 하기수양 야영회를 이달 21일부터 사흘동안 고양군 을도 한강 연안의 모래벌판에서 개최하리라는데 이번 이 모임은 조선서 처음임으로 임이 가맹한 단체나 기타 소년사업단체의 인도자들이 만히 참가한다 하며 연구과목은 소년척후의 과목과 실습을 하며 운동과 유희와 발전에 대한 토의 및 경험담을 교환할 터이라는 바 강사씨 명은 아래와 갓다더라.

소년척후 인도자의 책임: 이상재, 소년척후 역사와 주의방침: 나선수, 응급요법의 실제: 정민택

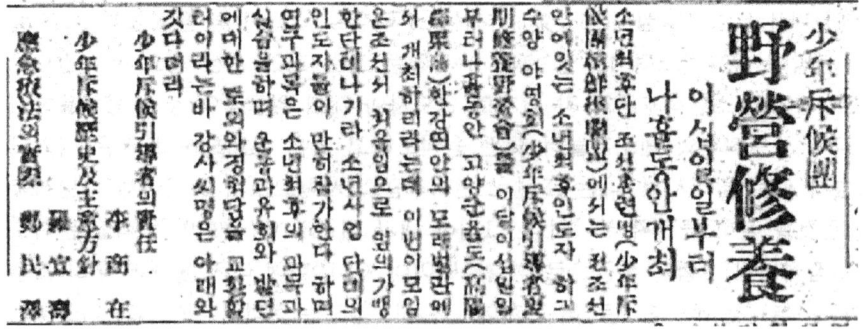

신문: 동아일보
발행: 1924년 7월 12일 (석간 2면)
제목: 3일간의 야영생활
기고문: HRY생

신문: **동아일보**　　발행: 1924년 7월 12일 (석간 2면)

　　고양군 율곡 한강변 사장에서 조선소년척후단의 인도자들이 모여 가지고 천막생활을 하여 가며, 일반 과목을 실습하기도 하고, 저녁밥 먹은 후에 '화톳불'가에 둘러앉아 조선 소년의 장애를 위한 간담도 있으리라는 소문을 들은 나는, 한번 가보고 싶은 생각이 등염 극무로 땀을 흘리는 사우에게 미안함을 불고하고, 3일의 여가를 얻어 참가하게 되어 불과 3일간의 단기일이지마는, 의미 깊고 소득 많은 생활을 맛보게 된 것은, 근래에 드문 나의 행복이라 할 수 있다.

천막생활에 화톳불! 그 가에 둘러앉은 젊은 지도자의 일대 붉은 불빛에 얼굴을 쬐면서 타는 듯한 진정을 가림없이 토하는 광경! 나를 얼마나 동경케 하였던고, 나는 떠나기 전부터 여러 가지 공상에 잠겨, 죄없는 장남에 포복절도를 예상도 하였으며 천막에 누운 채 공중에 반짝거리는 저 별을 치어다보며 깊은 묵상에 빠질 것을 미리 생각도 하였었다.

그리고 만일 우리의 후계자인 조선 소년으로 하여금 우리보다는 좀 더 행복스러운 길로 인도케 할 일점의 광명이라도 찾아낼 수 있다 하면 이 얼마나 귀중한 일이며 의미 깊은 계획일까. 나는 한없는 기대로써 이날을 고대하던 중 마침 내리붓는 비에 무슨 고장이나 없을까 다소 염려하던 차에 우중이라도 출발한다는 전화를 받은 나는 일시도 지체치 않고 대강 행장을 수습하여 가지고 집합 장소인 종로 청년회관으로 찾아갔더니, 거기는 벌써 일행의 친구들이 나를 기다리고 있었다.

어린 동무의 환영

일행 10여 인은 오후 4시경에 청년회관을 떠나 전차로 마포 종점에 내려 거기서 약 5리 되는 용바위 야영지까지 도보로 행군을 계속하였다. 여러 번 길을 물어 6시 경이나 되어 겨우 목적지에 도달함에 혹은 강변에서 혹은 언덕 위에 놀고 있던 '보이스카우트'의 정복을 입은 어린 동무들은 우리를 보고 반겨 놀라듯 세 손가락을 들어 소년척후식 겨에를 붙인다.

볕에 그을은 얼굴, 장난에 익은 듯한 맨발, 사랑스럽고도 영리해 보이는 눈동자, 우리 조선 소년이 모두 이만큼이나 하였으면 하는 사랑과 욕심으로 나는 가득하여졌다.

이 사랑스러운 친구들은 뛰어들어가 우리의 도착을 동무들은 고하는 모양이다. 두세 번 이어 부르는 호각 소리에 이동이 취립하여 대오를 정한 후에 다시 우리를 향하여 환영의 경례를 드리고는 결승번, 신호 등을 우리에게 실습하여 보인다. 신호 연습 중 한 두가지 착오도 있엇지마는 사랑스러운 눈으로 보아 그러한 지 그 동작, 그 태도가 모두 귀하여 보일 뿐이다.

총동원의 저녁밥

수일간 그곳에서 야영 준비를 하고 기다리던 소년척후 일동은 우리와 교대하여 성안으로 들어가게 되고 오늘 저녁부터 우리 1대의 야영이 개시될 터인데 의외의 유감이 하나 생긴 것은 지난 밤 폭풍우로 할 수 없이 강변의 천막을 걷어다가 건너편 언덕 위 영은정이란 정자 안에 우리의 야영을 옮겨둔 것이다.

천막 속에서 맺을 꿈까지 미리 준비하여 두었던 나는 다소 실망을 하지 아니할 수 없었다. 그러나 어찌 할 수 없은 까닭으로 제 각기 내가 잘 하노라고 부르짖고 나서고 보니 자연 총동원의 저녁밥이 되었다. 공연히 서성대다가는 도리어 방해가 될 염려가 불무함으로 나는 한 옆에 의자를 놓고 가만히 앉아서 구경하는 직무를 보았다.

여러 친구의 활동하는 광경을 내려다보고 있는 즉, 밥을 먹기도 전에 분반의 고소를 면치 못하겠다. 말썽 많은 신준면 군은 밥을 짓기도 전에 자기가 제일이라고 야단을 치는 동안에 성급한 장권 군은 물지게를 메고 나가고 키 큰 윤택수군은 무슨 요리나 만드는 것 같이 난도질이 한창인데 부지런한 유억겸군과 주밀한 정성채(鄭聖采) 군은 감독겸 지배인 격인지 무불간섭으로 분주할 때에 독창으로 유명한 심상복 군은 어데서 구하였는지 자기만이나 한 민어 한 마리를 사들고 들어와서는 2원 80전이란 파격 염가에 겨우 사왔노라고 부탁한 일 없는 자기를 한창 자랑하는 바람에 짓는 밥 만들던 반찬 다 내버려 두고 순식간에 전원이 총집을 하여 민어국을 끓이자고 만장일치로 결의되어 얼마나 끓였던지 사흘 동안이나 코에 민어 냄새가 날 만치 풍부하게 끓여놓았다.

이 날 저녁은 다소 피로를 감하였음으로 약간의 간담이 있은 후 일찍 취침하기로 하였으나 맹렬한 문군(모기)의 습격으로 일기당천의 용장들도 아마 종야 고전을 하는 모양, 그 중에 전우의 인구(囚口)를 엿보아 유일의 방적구(防敵具)인 홑이불을 가만히 가져다 덮은 동지 모반의 용서치 못할 친구가 있었으나 전우의 명예를 위하여 잠시 그 이름을 감추어 둔다.

80세의 소년

조천 체조를 마친 후 아침밥을 시작하려 할 때 소년척후단의 총재인 이상재 선생은 성내로부터 척신보도로 그의 권위 있는 노구를 홀연히 나타내었다. 노담인장인 그의 정력에는 놀라지 아니 할 수 없다. 우리에게 없지 못할 이 노인은 벌써 수십년 전에 "나는 20세 되는 청년을 세 번 합친 청년"이라고 장언(壯言)을 하던 터이더니 지금에 와서는 한층 나이가 어린 아이들의 벗 되려고 즐겨 힘쓰는 그의 정성은 과연 감사하지 아니 할 수 없다.

승노쇠퇴의 기풍이 가득한 조선에 있어서 선생과 같은 이는 실로 일세의 청량제라 할만도 하여 어떤 의미로는 우리 민족의 보배라고도 할 수 있다.

'나오시느라고 얼마나 수고하셨느냐고 묻는 말에도 '그저 고마치 수고했지' 한 활계미를 가진 대답은 그의 성격이 일면이 나타나는 듯 준비된 아침밥을 우리와 함께 마친 뒤에 동산 위에 올라가 수음하에 선생을 앉히고 일동은 그의 가에 둘러앉아 약 1시간동안 그의 힘있는 강화를 근청하였다.

그 강화의 요지를 대략 소개하면 소년척후를 소년의 근대적 훈련 교련으로 오해하는 것은 크게 주의할 바이다. 소년척후의 근본정신은 소년으로 하여금 각자의 개성을 완전히 발달케 하여 이 사회에 충직하고 정의의 심(心)이 강한 봉사자를 만들기에 있다.

전 인류이 평화와 행복과 번영을 위하여 유위유용한 소년을 양성코자 할진대 살벌적 군대와는 정반대의 처지에 서지 아니할 수 없다.

그러므로 보이스카우트의 훈련을 받은 자는 유용한 군인이 될 수도 있으되 군대적 교련을 받은 자는 보이스카우트가 되기 어렵다는 것은 이것을 설명함이라. 소년 인도자의 지위에 있는 자는 마땅히 그 아이의 덕성을 함양하기에 전력하여야 할 것이며 따라서 그의 책임은 중대함을 생각하여야 한다는 의미의 정중한 강화를 마친 뒤에 오래 쉴 여가도 없이 곧 다시 성안으로 들어가시려는 선생은 만류함도 듣지 않고 원기 좋게 작별하는 그의 뒤 태도를 나는 한참동안 바라보고 있었다.

노동의 비애

오후에 다시 산에 올라가 결승법, 신호, 호신장의 용법 등 일반 과정을 차례로 실습하였다. 여태껏 소년척후의 주의는 들었고 그 정신은 대강 이해하였으나 실제의 훈련은 완전히 받지 못한 우리에게 이러한 기회를 주는 것은 매우 필요한 일이라고 하겠으나 새삼스러운 교련은 서투르기가 한량이 없다. 곁에서 구경하고 있던 보이스카우트의 두 아이는 웃음을 참지 못하면서 가만히 가르쳐 주기도 한다.

30이 넘어 도로 어린아이가 되고 보니 다른 아이에게 웃음거리가 될 만한 어린아이가 되고 말았다. 내가 지도를 하여야 될 아이에게 도리어 배우게 되는 늙은 아이는 일종의 비애를 느끼지 아니 할 수 없었다. 그러나 자기의 부족한 것은 어디까지 힘써 배우고 남의 부족은 최후까지 도와주는 것이 이 소년척후의 정신이라면 아까 다녀간 80세의 소년을 다시 경앙하고 싶다.

당번의 눈물

첫날 저녁의 경험으로써 오늘 아침부터는 두 사람씩 당번을 짜서 취반을 담당케 하여 겨우 질서를 유지하게 되었으나 당번의 고심은 여간이 아니다. 조금 잘한 것이 있더라도 일부러 말썽을 부리는 친구들은 시장치도 아니 한 배를 두드려 가며 밥 재촉이 성화같고 먹은 뒤에는 곁에 잇는 당번을 일부러 못 본 체 하고 소리를 질러 물 가져 오라고 야단한다.

그 중에도 제일 우스운 것은 오늘 저녁을 전주에서 온 두 백군과 조군의 3명을 특히 당번에 선임하고 전주 음식이 유명하다는 조건으로 많은 기대를 가졌드니, 아닐 까 밥은 물내가 나고 국은 맹물인데가다 다른 반찬은 아무것도 없다. 이에 이르러 일동은 가만히 있을 리가 만무하다.

'엉, 이게 웬일인가. 전주 요리가 훌륭은 하군.'

밥도 밥이려니와 우스워 먹을 수가 없다. 전주군의 변명에 의하면 이렇게 하여야 기념이 된다나. 이런 기념은 하지아니 하여도 좋을 것을, 제일 밥 투정을 많이 한 신군은 내일 아침은 자기가 짓기로 자원을 하였다. 밥을 제일 잘 짓는다는 조건으로 내일아침에 보아야 알 일이다.

의미 깊은 간담

웃음 가운데 저녁밥을 마치고 언덕에 나서서 강색을 바라보니 각각으로부터 오는 물결은 임의 바다를 이루었고 반이나 강 속에 묻힌 밤섬은 저녁 안개에 잠겼는데 멀리 희미하게 보이는 용산 편으로 두어 척 어선이 떠있는 경색은 완연한 일폭화(一幅畵)다.

곁에 섰던 유군도 다소 감흥을 일으키는 것을 보면 속안(俗眼)도 간혹 시화케 하는 대자연의 힘이란 과연 놀라운 것인 모양이다. 그러나 우리에게는 더 큰 문제가 하나 있다.

말기에 열리은 간단회는 이것을 해결하자 함이다. 개회 벽두에 신준호 군이 말하기를 현하 조선의 경제상 관계로 가장 인도의 필요를 느끼는 무산가정의 소년은 인도하기 어려운 터인즉 이를 어찌하면 좋을까 하는 문제를 제출하였다.

여간 때문은 기부나 얻어 가지고 어떻게 하려는 생각보다도 소년들로 하여금 무슨 생산적 방법을 취하게 하며 필요한 재원을 스스로 얻게 하는 것이 유리는 할 것이니 자기로서는 혹은 양계, 혹 양봉 등 가축업이며 국유지 대부까지 생각을 하여 보았으되 아직 묘안을 확립치 못하였다고 술회를 하며 전주(全州)서는 이미 이것을 실행하여 보았으나 농업이란 조석으로 전력을 들이지 아니하면 안되는 관계와 수확의 기간이 너무 장원(長遠) 하므로 소년의 흥미가 계속치 아니하는 관계상 아직 특저한 성적을 얻지 못하였다는 이야기가 있었고.

정성채(鄭聖采)군은 자기 경험에 비추어 소년척후의 지도에는 될 수 있는대로 돈을 들이지 아니하는 방법을 취하여야 할 필요와 더구나 어린아이들을 앞세워 가직 음식이나 댄스니 하여 즉흥적으로 구걸케 하는 방법 같은 것은 절대로 피하지 아니하면 안될 것을 역설하였으며, 어린이들로 하여금 생산적 습관과 기능의 배양을 돕기 위하여 매일 한시간 혹 반시간식 일정한 시간에 간이한 수공품 같은 것을 계속하여 작업케 하면 일면으로 아이 자신과 척후단 경영의 사소한 비용도 보충할 수가 있으리라는 의견은 오늘 저녁의 가장 유리한 의견이었다.

소년척후의 지도다는 다시 유의하여야 할 점이며 목하 조선에 있어서는 어디로 보든지 가장 필요한 문제이다.

명물의 독창

단중이 명물은 아무래도 우리 심(沈)군을 첫째로 칠 수 밖에 없다. 군대 출신의 그는 꿋꿋한 체격에 시커먼 얼굴, 짧게 깎은 머리가 우수수하게 자란 품이 어디로 보든지 호개무골한이다. 그러면서도 입을 열기만 하면 적도할 해학이 쏟아져 나온다.

그중에서도 독특한 장기는 다른 사람이 감히 임내 내지 못할 군의 기괴한 독창이 그것이다. 기괴하면 좋은 실례가 될지 모르겠으나 군의 주장으로서는 독창이란 것을 의기양양하게 부르고 다니는 년놈은 모조리 목을 베어야 하다는 것인데, 군의 장기인 독창인즉, 동서남녀 음악가의 임내를 내는 독창이다. 혹은 당나귀 우는 소리도 같고 혹은 놀란 벙어리 고함지르는 소리도 같이 '어아! 어!' 하다가는 신명이 나면 곧 숨이 넘어가는 형용을 하는 법이다.

오는 아침에도 마루에 나서서 예에 의한 독창을 한바탕 부르시는데 마침 부엌에서 밥 짓느라고 엎드려 있던 유억겸군은 무슨 심명이 따라났는지 별안간 중국사람 목소리로 '아·아·아·아'를 불러 후렴을 단 것은 무슨 의사인지 모르겠으나 이런 것이 모두 우중 야영의 일소유이다.

고심의 강의

심군의 독창에 유군의 병창이 있노라니 자연 조반 시간이 얼마 늦었더니 예정한 강사 청년회의 '내쉬'군은 벌써 소년척후의 정복을 늠름하게 차리고 강의할 준비로 흑판까지 들어가지고 9시 정각에 틀림

없이 도달하였다. 군을 종로 청년회에서 조선 학생에 관한 일을 보며 한편으로 서울에 있는 서양아이들을 모아 가지고 보이스카우트를 지도하는 중이라는데 금방 우리 회(會)에 보이스카우트의 역사와 제도를 강의하기 위하여 예약을 하였던 것이다.

우리의 아침 먹기를 기다려 곧 강의를 시작하니, 그는 조선말로 2장 가량 등사판에 박은 강의 초본을 나누어 주었다. 이것이 예사인 듯 하되 그이로서는 적지 않은 성력(誠力)을 들인 것이다.

만일 우리가 서양사람 모인 자리에 무슨 이야기를 하러 가려고 이만한 원고 만들 고심을 생각하여 보라. 그가 조선 나온 지 불과 수년에 자기가 번역하여 가지고 자기 손으로 등사를 할만큼 노력한 고심을 가히 추측할 수 있지 아니한가. 소년척후에 관한 강의도 유익한 자료를 많이 얻었지마는 더 귀중하게 본 것은 그의 시간을 엄수한 것과 이 강의 원고이었다.

귀로

'내쉬' 군은 일찍 들어가고 우리는 우천의 관계로 부득이 실내에서 운동과 실습을 계속 하다가 내일이면 서로 나누어질 것이므로 유감없이 놀고 가자는 주지로 허물없고 간격 없이 천진난만한 장난을 죄없이 한없이 밤이 늦도록 하다가 자고 일어나니, 오늘은 야영생활을 마치고 돌아갈 날이다. 아침이 끝나려 할 때 구급술에 관한 강사로 예약하였던 젊은 의학사 정민택군은 본영에 잠입하기 위하여 상경하는 중간에 선로의 불통으로 허다한 곤란을 겪고 겨우 지그이야 당도한 선천의 전서경 군과 함께 들어왔다. 곧 강좌를 열고 군의 명석하고도 재미스러운 강의를 약 두 시간 가량이나 계속 하였다.

구급술의 강의이기 때문에 실습의 교재에 당하는 사람은 동사도 하며 열사도 하였으며 진사를 하였다가 가사를 하기도 하였다.

강의를 들은 것만큼 완전히 안듯한 신념을 얻은 것은 금회 강습 중 가장 유익한 소득이었다. 강의 중간에 흑면호환 심군은 돌연히 질문하여 가로되 '원숭이에게 물릴 때는 어찌합니까?' 한다. 그는 이 것을 몰라서 물은 것이 아니라 우리 중에 '원숭이'란 별칭을 얻은 친구가 한 분 있기 때문에 그를 조롱코자 함이었다.

하나 우리 정선생은 범연히 '사람에게 물린 것과 다름이 없지요.' 라고 대답을 하였으므로 심군은 약간 낙망을 한 모양이다.

강의 마친 뒤에 일행은 야영을 거둬 각기 본영으로 돌아가게 되었다. 불과 몇날이 되지 못하는 야영생활은 지금 이로써 끝을 마치나 그동안 소득은 여러 방법으로 서로 다대하였다. 일행은 청년회관으로 같이 들어와 주최자 측의 간단한 향연을 받고 한 가지 기념촬영을 한 뒤에 각 기 동서로 나누이게 되니 때는 서력 1924년 7월 24일 오후 5시이었다. 좋은 친구들이여 다음날까지.

신문: 조선일보
발행: 1924년 10월 8일(석간 2면)
제목: 자선 보구미를 메고
상조 소년척후대의 금품 모집
두달 동안 가가호호 방문할 터

시내 청진동에 사무소를 둔 상조 소년척후대에서는 한재와 수재로 인하여 농사 조차 제대로 짓지 못하고 당장 먹을 것이 없어 울며 헤매이는 가련한 동포들이 추운 겨울을 지낼 것을 생각하고 어린이 약 이십 여명의 회원이 자선 보구미를 메고 '곤경에 빠져 하염없이 죽음을 기다리고 있는 동포를 서로 사랑하고 구합시다' 라는 뜻의 선전문을 돌리며 집집이 방문하여 두달 동안 기근 구제금을 모집한다는데 작일에도 본사의 손을 거치어 구제에 쓰기를 요구한 금전이 십일원 구십육전에 이르렀다더라.

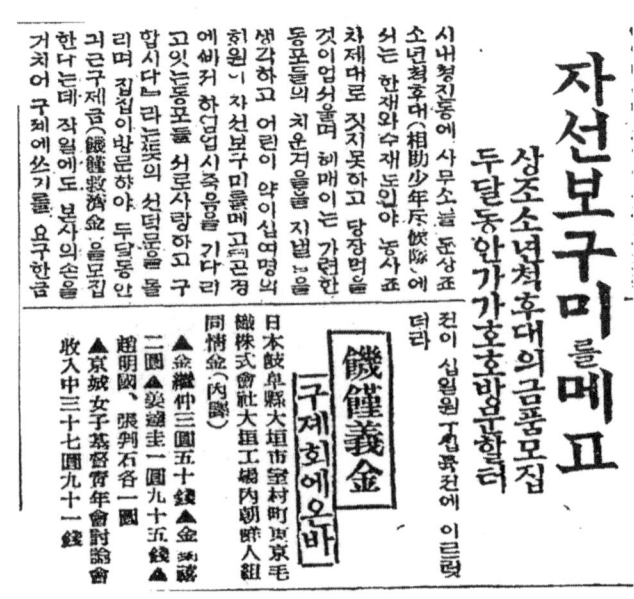

신문: 조선일보
발행: 1924년 12월 19일(석간 2면)
제목: 소년척후 이사회

소년척후단 조선총연맹에서는 지난 십육일 하오 세시 반에 정기이사회를 열고 명년도 사법에 대한 협의가 있었다고

신문: 조선일보
발행: 1924년 12월 27일(석간 2면)
제목: 어린이의 고흔 정

종로 기독교청년회 안에 있는 소년척후대에서 시외에 있는 가련한 궁민을 차저보고 쌀과 조를 선사하는 광경.

신문: 조선일보
발행: 1924년 10월 일 (석간4면)
제목: 미사종종(美事種種)

소년척후대에서

　기금의금 사원팔십전 주림에 우는 삼백만 동포에게 눈물에 어린 선물을 보내는 사람이 우리 사회의 구석구석에 있는 것은 참으로 깃꺼운 일이다. 이제 또 그러한 아름다운 심정 가진 이를 소개하건대 시내에 있는 상조소년척후대에서는 그 대원되는 십오육인의 소년학생들이 주림에 우는 지방 동포들을 생각하고 학비에서 남은 돈을 푼푼이 모아 사원팔십전이라는 돈을 만들어 조선일보를 통하야 배곱허 하는 동포에게 보내달라고,

　본사로 그 돈을 작일에 보내였음으로 본사에서는 이를 기근구제회로 보내었는데 비록 얼마 안 되는 금액이지만 이 가튼 학생들의 고은 심정은 매우 가상하다 할 것이다.

신문: 조선일보
발행: 1925년 8월 15일(석간 4면)
제목: 참화의 동포를 위하야
평원 소년척후 구호반 조직, 2대로 분하여 활동

지난 12일 오전 12시경에 당지에 비가 많이 내리어 영삼천이 넘쳐 가옥과 농작물의 피해가 많음으로 평원 소년척후대에서는 당시에 구호반을 2대로 조직하야 가지고 전력구호에 힘셨다더라.

제2대: 손희근, 박팔섭, 강연장소
제3대: 유공삼, 양준철, 강연장소 두원면신동, 면과역, 청암면대룡
제4대: 이상곤, 정문관, 강연장소 남양면양강, 둔동마운, 대선면상

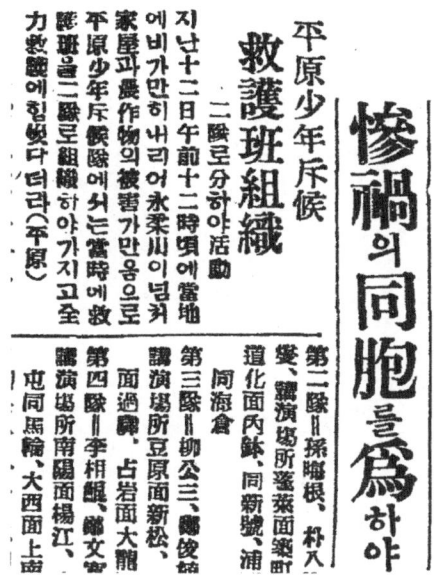

신문: 조선일보
발행: 1926년 2월 16일(석간 1면)
제목: 원산 소년척후대
20여 호 불구자에 세선배급

소년척후단조선총연맹 제18호 원산소년척후대에서는 본월 12일(음 12월 30일) 원산 해면리 축공사로 인하여 각 지방에서 모여든 인부 1,000여 명이 동기실업으로 기색이 도골하여 걸식에 다름이 없는 생활을 이어가는 그 중에도 토공에 종사하다가 불구가 된 20호에 대하야 척후재당, 대원 전부가 출동하여 음력 세선으로 미급밀겸 호 분배하였다더라. (원산)

신문: 조선일보
발행: 1926년 12월 1일(석간 2면)
제목: 광활 소년척후대 창립 2주념 기념식
사진기사

◇⋯⋯광활 소년척후대 창립 주년긔념식⋯⋯◇

신문: 조선일보
발행: 1927년 8월 9일(석간 4면)
제목: 원산 서커스

원산 기독교청년회와 원산 소년척후대 양단체에서는 경성중앙기독교청년회 캠핑단 일행이 피서차로 당지에 내함을 기회하여 납경 써커스 대회를 오는 8, 9양일간 당지 기독교청년회 운동장에서 개최하리라는데 동 대회 종목은 권투, 무장, 유도, 텀블링, 아량, 피라미트 조, 임도봉, 평행목, 희극 기타 흥미진진한 것이 만타는 바 원산에 잇서서는 신기한 회합이니만큼 대성황을 예상되리라 하며 당이 장내를 정리키 위하야 입장료를 각 이십오전식 바드리라고.(원산)

신문: 조선일보

발행: 1929년 3월 24일(석간 2면)

제목: 노량소년척후대의 자살자 구조운동

지난 20일부터 한강철교 파수 청년회와 협동노력

노량진 소년척후대에서는 지난 20일부터 꽃피는 봄으로 단풍지는 늦은 가을에 이르는 동안에 천금으로 바꿀 수 없는 생목숨을 끊는 사람을 구조하고저 매일 오후 9시부터 오전 1시까지 척후대원 8명과 청년회원 약간인이 한강 철교의 중요한 곳에 파수하고 있다는데 금년에는 특히 강가에다 목선의 예비까지 하여 만일을 경비하고 있어 그 효과가 많을 것으로 예기한다더라.

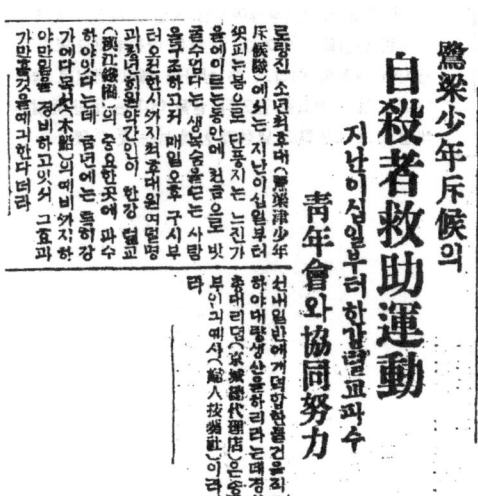

신문: 조선일보
발행: 1933년 12월 25일(석간 2, 3면)
제목: 인천 소년척후대 동정 '메달' 행상
빈민구제 목적

　인천소년척후대에서는 돌연한 혹한에 헐벗고 굶주린 빈민을 위하여 20일 일은 아침부터 2명씩 짝을 지어 동정함이라고 쓴 상자를 메고 거리로 돌아다니며 동정 메달을 팔았다. 살을 어이는 듯한 쌀쌀한 바람도 그 소년들의 열정과 함께 녹는 듯하였다.

신문: 동아일보
발행: 1924년 3월 22일(석간 2면)
제목: 소년군 강령
삼지경례의 의의

 소년척후단 조선총연맹이 조직 되얏다함은 기보과 갓거니와 동단의 강령과 준률은 다음과 가튼데 동단에서 행하는 삼지경례는 동단의 강령을 표시하야 항상 기억하도록 하는 것이라더라

 강령 1.사회를 위하여 자기 직무를 다하며 단규를 엄수함. 2.항상 타인돕기를 준비함. 3. 항상 자기 덕성을 수하며 신체와 정신을 건전하게 함.

 준율: 1.단원은 정직할지니 언어 동작에 신실하다. 2.단원은 충성할지니 사회에 대하여 충실하라. 3. 단원은 도움이 될지니 매일 일 건 이상의 선사를 행하라. 4. 단원은 우애할지니 타계 소년을 형제로 여기라. 5.단원은 친절할지니 빈약한 자에게 더욱 친절하라. 5. 단원은 인자할지니 동물을 애하고 보호하라. 7. 단원은 순복할지니 부모와 상장에게 복종하라. 8. 단원은 쾌활할지니 곤란을 당할 때 더욱 쾌활하라. 9.단원은 근검할지니 금전급 시간을 적당히 이용하라. 10. 단원은 용감할지니 위험을 당할 때 수립하라. 11. 단원은 청결할지니 신체오 심지를 깨끗하게 하라. 12. 단원을 경건할지니 타인의 종교심을 존중히 여기라.

 표어: 본 연맹의 표어는 '준비'라.

신문: 동아일보
발행: 1924년 4월 13일(석간 2면)
제목: 북경에서 열리는 소년척후 대회에 조선에서는 정성채씨 출석

이달 8, 19일 이틀동안 중국 북경에서 열리는 제1회 극동국제 '보이스카우트대회'에 조선서도 조선총연맹의 부간사 정성채 씨가 출석하기로 하야 14일 오전 봉련발 기차로 경성역을 떠난다 하더라.

신문: 동아일보
발행: 1924년 4월 26일(석간 2면)
제목: 극동소년척후 대회에 정씨의 조선 노래

극동소년척후 대회에 대표로 출석한 박창한, 정성채 양씨는 그 대회로부터 만흔 환영을 밧고 18일부터 20일까지 그 대회에서 설치한 천막에 유하엿스며 19일 오후 8시에는 그 대회에 가장 중요한 시간으로 '화토불'을 회장 중앙에 만들어 노코 300여 명의 소년척후군과 각 단체의 인도자와 대회 위원들이 불을 중심을 하고 둘러 암즌 후 위원장이 불으는 데로 각국 소년척후와 인도자들이 혹은 음악도 하고 혹은 유희도 하고 혹은 악기도 하엿는데 조선 대표의 차례가 되매 정성채 씨는 일어서서 '나는 조선소년척후단의 사람으로서 화국 국제소년척후대회에 청한읍바다. 이 회에 참석하게 된 것을 심히 즐거워 하나이다. 그러나 내가 대표로 이 대회에 출석할 뿐이오 우리 조선소년척후단이 여러분과 함께 참석하지 못함은 유감으로 생각하나이다. 이 대회에 내가 올 때에 우리 조선소년척후들이 여러분에게 문안하여 달라는 부탁을 바닷슴으로 이 기회에 간단히 전하는 것이며 위원들과 여러분이 원하시는 조선 노래를 이제 아는데로 몇 마디 하겟습니다.' 하고 조선노래를 하엿는데 일동은 박수 갈채 하엿으며 20일에는 각 단체의 경기가 잇은 후 우승기 수여식이 잇엇는데 우승기는 통주에 잇는 서양인 소년척후대에서 바덧으며 이등은 천진에 잇는 각국 연합 소년척후대이며 삼들은 향산 중국 소년척후대이오 사등은 북경 정화 소년척후대이며 오등은 조선 경성에 있는 서양인 소년척후대이엇는데 20일 오후 3시에는 중국 대총통이 대회 출석자 전부를 총통부로 초대하야 다과회를 열고 축사가 잇섯다더라.

신문: 동아일보
발행: 1924년 6월 28일(석간 2면)
제목: 각지 소년척후 총연맹에 계속 가입

청진 유지의 후원으로 조직된 청진청년회 소년척후단과 북간도 용정촌에 사는 동포들의 후원으로 조직된 용정촌 소년척후단의 두 척후단체는 재작 26일에 소년척후단 경성에 잇는 조선총연맹에 가망하겟다는 신청을 하엿다는데 그 연맹에서는 각기 척후단의 가맹을 더욱 바란다더라.

신문: 동아일보
발행: 1924년 7월 3일(석간 2면)
제목: 상조 소년척후 정동에서 새로 생겨

시내 무교정사는 박진영, 나봉옥 씨등 수인의 발기로 상조 소년척후대가 조직되야 재작 1일 오후 1시 반에 정동 배재학당 안에서 개단식을 열고 대장 박진영 씨의 개회사와 정성채, 조철호씨 양의 축사가 잇슨 후 단원 초급시험 등이 잇고 헤어젓는데 사무소는 정동 52번지에 두엇다더라.

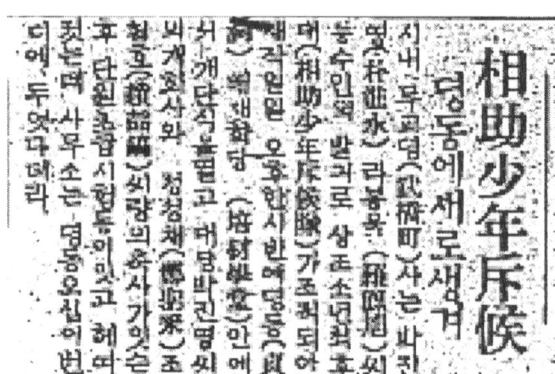

정성채(鄭聖采) 첫줄 좌 4

신문: 동아일보
발행: 1925년 11월 8일(석간 3면)
사진기사: 전주소년척후대의 척후일동과 위원 제씨

지난 30일에 개단식을 거행한 전주 소년척후대의 척후 일동과 위원 제씨

신문: 동아일보
발행: 1926년 1월 16일(석간 3면)
제목: 따뜻한 돈 미주동포들이 척후대에 보냈다

미주 애리조나에 거주하는 동포 12사람은 본국을 떠난 지 이십여 개 선상으로 이역풍토에서 특히 고국의 소년들의 교양사업을 위하여 미화 삼십오불(칠십원)을 한인클럽회장(최태진) 명의러 소년척후단조선총연맹 총재 이상재씨에게 보내었다는데 그는 귀여운 동정금이므로 동연맹기본금의 기본금으로 영구히 보전하기로 하였다며 참여한 그들의 씨명은 아래와 갓다더라.

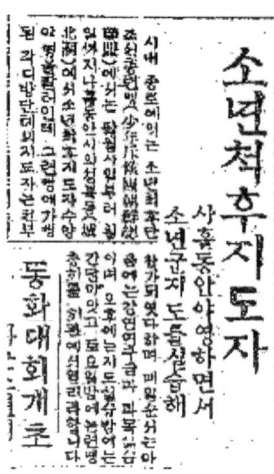

신문: 동아일보
발행: 1926년 8월 6일 (석간 3면)
제목: 소년척후 지도자
사흘 동안 야영하면서 소년군 지도를 실습해

시내 종로에 잇는 조선척후단 조선총연맹에서는 8월4일부터 7일까지 나흘동안 시외 성북동에서 소년척후 지도자 수양야영을 할 터인데 그 연맹에 가맹된 각 지방 단체의 지도자는 전부 참가되엿다 하며 매일 순서는 아츰에는 강연 연구급과 과목실습이며 오후에는 지도실습, 밤에는 간담이 있고 토요일 밤에는 연맹총회를 회관에서 열리라 합니다.

신문: 동아일보
발행: 1926년 8월 7일 (석간 5면)
제목: 소년척후단 정기총회 개최
금일 오후에 기독교 청년회관에서

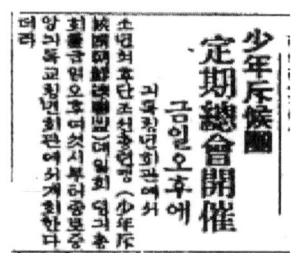

소년척후단 조선총연맹 제1회 정기총회를 금일 오후 6시부터 종로 중앙기독교청년회관에서 개최한다더라.

신문: 동아일보
발행: 1926년 8월 9일(석간 2면)
제목: 소년척후 총연맹 제반사업 혁신
조선소년척후 총연맹에서 정기 총회를
열고 내용 혁신

　사회를 위하야 자기 직분을 다하며 항상 다른 사람 도웁기를 준비후 항상 자기 덕성을 닦으며 신체와 정신을 건전케 한다는 강령으로 소년의 심신을 단련하기 위하야 조직된 소년척후단 조선총연맹에서는 재작 7일 오후 6시반에 종로 중앙기독교청년회관 안에서 정기총회를 개최하엿다.
　멀리 함흥, 원산, 선천, 마산, 부산 등지에서 참석한 각 호대 대표들까지 입석하야 이십사 오명의 비원이 모히여 총재(이상재)씨의 결석으로 박상한씨의 사회로 간사장 유억겸씨의 사업보고와 회계 보고가 잇고 헌법조항 중의 약간을 수정한 후 아래와 가치 이사 10명을 선정한 후 신사항에 드러가 여러 가지 조흔 의견이 만엇스나 전부 이사회에 일임하기로 하고
　총연맹을 위하야 만히 노력한 간사장 유억겸씨와 부간사장 정성채씨의 공로를 표창한 후 저녁을 가치 노느고 8시반 경에 폐회하엿는데 현재 총연맹에 가입 척후단을 19이라더라.
　이사: 현동원, 이갑성, 구영숙, 조제옥, 박기철, 백관수, 구호옥, 김동운, 김익수, 장두현

신문: 동아일보
발행: 1926년 10월 5일 (석간 5면)
제목: 안양 소년척후대

안양소년척후대는 현 단장인 김영우 군의 발기로 금년 3월에 창립되여는 바 소년사업과 좀더 나아가서 사회사업에까지 만흔 노력을 하는 중이라 한다.

신문: 동아일보
발행: 1926년 11월 13일 (석간 4면)
제목: 정동 소년척후단
사진기사: 척후대의 입대식 광경

신문: 동아일보
발행: 1926년 11월 13일 (석간 4면)
제목: 광활 소년척후단 2주 기념

시내 청엽정에 잇는 광활 소년척후단에서는 오는 28일 오후 7시반부터 청엽정이 정목 일백사번지에서 창립 2주년 기념식을 거행한다고 합니다.

신문: 동아일보
발행: 1926년 12월 27일 (석간 2면)
제목: 소년척후의 구제

깃븐날 크리스마스도 업는 사람에게는 쓰라리다. 따뜻한 선물을 가득 싣고 기운차게 끌고 나서는 사람들이 중앙기독교청년회 소년척후대원이다. 그들은 제작 25일 오후 1시 반부터 빈민을 순회구제하엿는데 웃 사진은 출발하는 광경이오 아래는 빈민과 더부러 한끼를 논아 먹는 광경.

신문: 동아일보
발행: 1927년 2월 3일 (석간 4면)
제목: 광활 소년척후단

청사구에 있는 동단을 1924년 11월 금수종, 이상재 양군의 발기로 창립되어 지금까지 꾸준히 계속하여 척후에 사업을 다한다는 바 지난 11월 제2회 창립 기념식을 성대히 거행하엿다는데 현재 다원은 이십인이오 대표간사는 이기종, 이현익씨 외에 제씨라 한다.

신문: 동아일보
발행: 1927년 4월 10일 (석간 4면)
제목: 회녕 소년척후대

회녕에 유일한 소년단체이다. 대정 15년 5월에 창립되엿는데 창립 당시에는 활동이 만엇스나 근자에는 별다른 활동이 업다고 한다.

신문: 동아일보
발행: 1927년 4월 11일(석간 2면)
제목: 고 월남선생 사회장의
비장한 조곡리에 영구마저 지하로
- 팔일 오후 8시에 한산 곤지산에 안착
소년척후대 나팔소리에 비상히 하관해-
곤지산 수림 속에 영원이 안면

 월남 선생의 상열은 팔일 오전 10시에 군산에서 영결식을 맞추고 11시 경에 군산 해일부두에서 배에 인하여 12시에 서천 수동에 안장되엇는데 한산 읍와 일반 민중에 장례 한가운데서 노제를 지난 후 한산 곤지산 유택으로 향하엿는데 장열이 10리에 미치엇다.
 그리하여 하오 8시에 영구가 한산 고읍에 드러가 곤지산 울림 속으로 모신 후 오후 8시에 소년척후대이 비장한 나팔소리와 함께 하관되여 버리니 저 월남선생은 한 많은 세상을 멀리 떠나시어 곤지산 수림 사리에 영히 쉬이게 되엇더라.

신문: 동아일보
발행: 1927년 4월 30일(석간 3면)
제목: 소년문학운동 가부

어린이들의 문학열을 장려하는 것이 가(可) 할가?

근일에 경성과 지방 소년소녀 간에는 문학열이 매우 왕성합니다. 동요든 시를 짓고 작문을 지어 신문이나 잡지에 발표하기를 퍽 조화합니다. 또 소년운동에 뜻을 두는 이들도 문학 방면으로 아이들을 지도하는데 힘을 만히 쓰는 경향이 잇습니다. 그러하야 지금 소년잡지이 전성시대를 일우엇습니다. 이것이 자연과 흙에 친하야 과학적 지식을 닥그며 건강한 신례를 길우어질 시기에 잇서서 조화와… 한다는 것이 과연 가(可) 할가, 교육자와 부모들이 한번 고려할 만한 일입니다. 그래서 이 문제에 대한 멧분의 의견을 아래와 가치 들어 보앗습니다.

- 이상에 치우침보다 실제생활로(소년척후단 정성채)

1. 소년에게는 그 실제생활과 비교하야 그 범위 내에서 하는 것이 가(可)하다.

2. 전문적 혹은 정도에 넘치는 것은 장래 인간생활에 합치되지 못하기 쉽다. 즉 이상만 발달되고 실제적 활동 능력이 약한 불구자 될 염려가 잇다. 소년 시기는 모든 것이 아즉 터가 잡히지 안엇스며 또는 그 심리가 치우치는 경향이 있다. 고로 교육에 대하야 주의할 점은 어려서부터 한가지 치우치는 교육을 피할 것이다.

3. 소년시에는 만능한 인격을 배양하려고 힘써야 할 것이다. 장성한 후에 전문적 인재가 됨을 각각 그 자신 발달에 잇슬 것이며…는 교육자가 그 개인의 특성대로 지도할 뿐이다.

4. 연칙(然則) 문학이 어느 정도에 한하여 소년에게 실행함으로 장래여미(將來與美) 한 생활을 여케 할 것이오 소년에게는 활동적 훈련과 실제적 운동을 권하야 이상과 실제가 겸비한 인격자가 되게 할 것이다.

신문: 동아일보
발행: 1927년 7월 13일(석간 3면)
제목: 대구 소년척후 지도자 강습

대구 조양회관의 사업으로 대구 소년척후군을 조직하려고 한 지는 오래엿던 바 월전에 유이자 모히여 찬조회 조직에 착수하는 동시에 척후지도자 양성이 무엇보담 급함으로 경성에 있는 소년척후단 조선총연맹으로 수차 교섭하야 지난 7일에 동연맹에 부간사장 정성채, 이사 현동완 양씨가 강사로 대구에 나러와 3일간 소년척후 지도자 강습회원 15인과 야영생활을 하엿다고 합니다.(대구)

신문: 동아일보
발행: 1927년 8월 15일(석간 3면)
제목: 소년척후대 써커스 대회

원산 소년척후대에서는 경성중앙기독교 청년회 체육주방 김영수씨 인솔하에 캠핑단 일행이 원산 해수욕장에 피서로 온 것을 기회로 하야 본보 중외 원산지국 후원하에 원산상용척후대회관 강당에서 지난 8, 10 양일간 납량 써커스 대회를 개최한 바 연일 처음 보는 성황을 일우엇다더라.(원산)

신문: 동아일보
발행: 1927년 9월 13일(석간 3면)
제목: 척후단 이사회

소년척후단 조선총연맹에서는 14일 오후 6시 바네 종로 중앙기독교 청년회관에서 이사회를 개최하고 총재 선거에 대한 결의가 잇스리라더라.

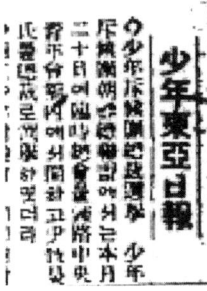

신문: 동아일보
발행: 1927년 10월 22일(석간 3면)
제목: 소년척후단 총재 선거

소년척후단 조선총연맹에서는 본월 20일에 임시 총회를 종로 중앙청년회관 내에서 개하고 윤치호씨를 총재로 선거하엿더라.

신문: 동아일보
발행: 1928년 7월 2일(석간 3면)
제목: 소년척후대 조직

황해도 사리원에서는 지난 21일 오후 7시부터 박청근 씨 집에서 소년척후대 발회식을 거행하엿다더라(사리원)

신문: 동아일보
발행: 1929년 1월 5일(석간 3면)
제목: 안악에서 소년척후대회 개최

황해도 안악군 읍내 소년척후단에서는 래 2월 15, 16일 양일간 동단 구락부실에서 안악에 잇는 소년척후단 5개 단체가 연합대회를 개최하고 가극, 동화 등을 할 터이며 타방에서 참가할 단체는 오는 1월까지 신청하기를 바란다더라.

신문: 동아일보
발행: 1929년 4월 14일(석간 3면)

제목: 지난 1월 하오 8시 창률내 해동산에서 조선척후대 평남연맹 창립총회를 개최하고 아래아 같은 사항을 결정하엿다 하더라.

신문: 동아일보
발행: 1929년 7월 24일(석간 3면)
제목: 소년척후 강습회(안악)

황해도 안악읍내 소년척후단 주최로 조선 소년척후단 황해도 연맹 강습회를 오는 26일부터 31일 오후 10시까지 5일간 안악 동참포 해변에서 개최할 터이라는데 일반 단원은 많이 참가하기를 바란다더라.

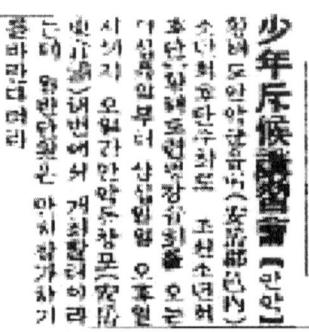

신문: 동아일보
발행: 1929년 10월 9일(석간 3면)
제목: 조선 초유의 소년쨈보리 대회
본사 평양지구 후원으로 12일 평양서 개최

조선에서 처음으로 열리게 된 전 조선소년 척후단 쨈보리 대회는 평양소년척후단 평남연맹 주최 본사 평양지국 후원하에 12일 오후 1시부터 광성고보 운동장에서 거행케 되엿는데 부산 등지에서와 숭현여학교에서까지 참가케 되어 대성황을 일우리라는데 다수 참가하기를 바라며 종목은 다음과 갓다더라.

신문: 동아일보
발행: 1929년 10월 14일(석간 3면)
제목: 쨈보리 대운동회
사진: 조선소년척후대

신문: 동아일보
발행: 1929년 11월 26일(석간 2면)
제목: 광활 소년척후대 창립 5주년 기념

시내 청엽정에 잇는 광활 소년척후대에서는 청엽정 이정목 104번지에서 금일 오후 7시부터 창립 5주년 기념식을 거행한다더라.

신문: 동아일보

발행: 1930년 10월 24일(석간 7면)

제목: 척후연맹 이사회

소년척후단 조선총연맹 이사회를 24일 하오 4시 30분에 기독교청년회에서 개최하기로 하엿다.

신문: 동아일보

발행: 1930년 12월 20일(석간 3면)

제목: 소년척후연맹 빈민구제활동

소년척후단 평남연맹에서는 지난 17일부터 1주일간을 동정에 달라는 날로 정하고 대원 전부가 총출동하야 일반에게 동정을 구한다는데 감은 한 개에 대하야 5원 이상이라 하며 그 수입으로는 기한에 헤매는 빈민 구제에 쓸 터이라 한다.

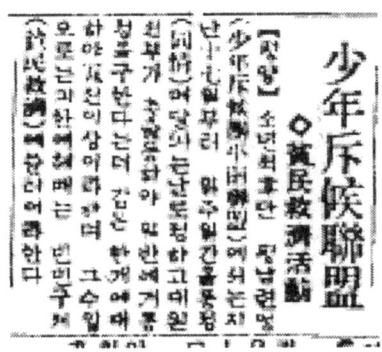

신문: 동아일보
발행: 1931년 2월 20일(석간 7면)
제목: 음력세말세초 처처에 빈민구제
1,000여명 모아 떡국 초대회

　주린 창자에 따뜻한 떡국 '대구 소년척후대'에서 대구 거리마다 울긋 불긋 세배다니는 아이의 꽃을 피우고 집집마다 떡국과 소주의 취기가 환성이 드리는 음력설의 기분은 아즉도 대구란 도시를 싸고 도는듯한 이에 의지가 업시 기한에 우는 수만의 무리를 대구 소년척후대에서는 지난 18일에 그들을 위하야 '떡국초대회'를 열고 식은 밥을 먹기에도 가진 고생을 하는 사람들 1,000여 명에게 일일이 따뜻한 떡국을 대접하얏는데 그 비용을 전부 동 척후대장 조용기씨의 자비로 하얏다 한다.

신문: 동아일보
발행: 1931년 3월 13일(석간 3면)
제목: 진남포 소년척후대 설립

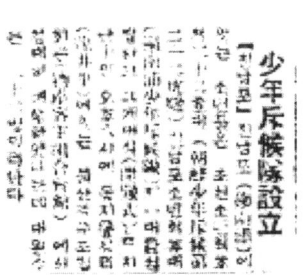

신문: 동아일보
발행: 1931년 5월 25일(석간 2면)
제목: 소년척후단 조선총연맹 이사회

소년척후단조선총연맹 이사회를 29일 오후 5시 반부터 종로 중앙기독교청년회관 내에서 개최

신문: 동아일보
발행: 1931년 9월 12일(석간 6면)
제목: 선천 소년척후 부활

선천기독교청년회의 소속인 소년척후단은 8년 전에 조직되여 소년훈련과 사회봉사에 만흔 사업을 하다가 지도자가 업서지고 경비 곤난한 탓으로 5, 6년 전에 해산되엿든 바, 지난 8월 중에 노희풍, 이용민 양군의 활동의 주선으로 척후단을 부활 시키엇다 한다. 그러나 경비문제로 인하야 곤난이 막대함으로 일반 유지의 동정을 구한다는데 대원은 지금 15명이요 임원은 대장이 노희풍, 부대장에 이용민, 위원에 김치제, 노연풍, 계병호 삼씨라 한다.

신문: 동아일보
발행: 1931년 12월 13일(석간 7면)
제목: 『소년척후교범』 12월 중에 발간

중앙 기독교청년회관 안에 있는 소년척후단조선총연맹에서는 그동안 계획 중이던 '소년척후교범'을 금월 중에 출간케하고자 방금 인쇄 중이라는데 내용은 '보이스카우트' 운동의 내용과 그 훈련방법, 절차 규정 등 제반항목이 구비된 것으로 총 300여 페이지에 100페이지 가량이 도해이며 정가는 400부 한하여 선금 예약에는 우체비 합하여 80원인데 발매소는 청년회관내 청년잡지사라 한다.

신문: 동아일보
발행: 1933년 1월 8일(석간 3면)
제목: 빈자 동정금

지난 5일 안악 소년척후대에서는 빈한한 동포를 위하는 마음으로 추음을 무릅쓰고 시가 중앙에다가 동덩의 솟을 내걸고 사회 인상에게 동정을 어덧다는데 이 동정금으로는 음정설에 따뜻이 음식을 만들어 극빈자에게 한 그릇씩 놓아 줄 터이라 한다.

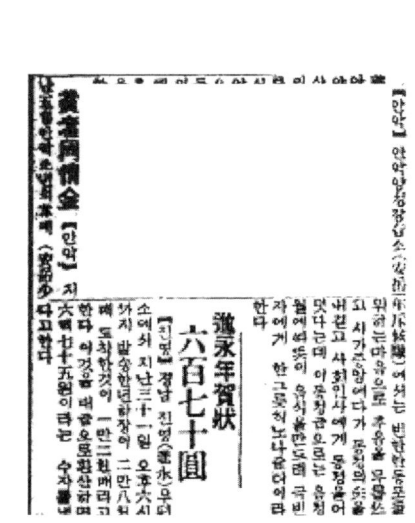

신문: 동아일보
발행: 1933년 1월 3일(석간 3면)
제목: 포천 소년척후대 기념식

포천근 심음리에 있는 포천 척후대는 소호 3년(1928년) 6월에 창립하고 오늘까지 여러 가지로 활동하야 오는 바, 지난 30일 밤에 5주년 축하 기념식을 거행하였다는데 본대원 수는 12명이고 지도자는 조무항, 김귀대 양군이라 한다.

신문: 동아일보
발행: 1933년 12월 21일(석간 5면)
제목: 기한동포 위해 동정메달 팔아
인천 소년척후대 동원

인천 소년척후대에서는 오는 21일부터 25일까지 5일간 추위와 굶주림에 떨고 있는 빈민들을 위하여 전 대원 총동원으로 전 인천 가가호호를 방문하고 동정 메달을 판다는데 가두에서 통인에게도 판매한다고 한다.

신문: 동아일보
발행: 1934년 7월 26일(석간 3면)
제목: 소년척후연맹 정총

　소년척후단 평양연맹에서는 지난 21일 하오 8시 반에 부내 순영리 대성 사무회관 내에서 정기총회를 개최하고 위원 개선과 금년 중에 회원 지도자 수양회와 잼보리 대회를 개최여건을 검의한 후 그 실시방법은 신임 이사에게 일임하고 10시 반에 폐회하였다는데 신임이사의 씨명을 다음과 같다.

신문: 동아일보
발행: 1935년 8월 9일(석간 3면)
제목: 소년척후야영대회
주최: 진남포 소년척후대
후원: 중앙, 조선, 동아지국

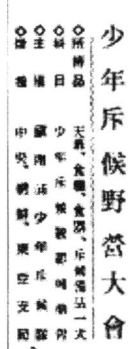

신문: 동아일보
발행: 1946년 1월 25일(석간 2면)
제목: 조선소년군 재편제 국제소년군의 일원으로

앞서 군정청에서는 사설 군사단체를 일체로 해산시키기로 되어 그 중에 소년군도 포함시키엇으나 소년군의 정당한 발전을 꾀하고저 재편성할 계획을 세우고 있다. 이에 군정청 학무국에서는 소년군 운동에 공헌이 많은 정성채와 구자옥 종교예술과장 최승만, 파레 대위 등 4씨를 소년군 재편성 위원으로 정하여 25일 준비위원회를 열고 구체안을 세우기로 되었다.

구체안이 성립되는 대로 조선소년군도 국제소년군의 장정에 따라 18세 이하의 소년군에 한하여 참가케 하고 국제소년군과도 정식 연락을 취하도록 하게 되었다.

조선총독부 경무국 고등경찰관계연표

소년척후대의 창립일에 대한 정성채가 동아일보에 기고한 다음의 내용을 보면 1922년 9월 30일로 밝혀져 있다.

내가 본래 중앙기독교청년회 소년부 일을 보게 되었음으로 소년부원 어린이에게 이전부터 소년척후대의 정신을 많이 넣어주었다. 차림차림을 이 스카우트로 하고 나서기는 일천구백이십이년 구월삼십일이었습니다.

동아일보 1925년 10월 10일자

소년척후대는 '동아일보 1925년 10월 10일자에 기고한 정성채의 글에서 창립일이 9월 30일임을 알 수 있다.

고등경찰관계연표

한편, 고등경찰관계연표는 일제 때 모든 조직이나 활동이 경찰국에 보고된 내용을 담았다. 이 '고등경찰관계연표'를 보면 1922년 9

월 31일 창립된 것으로 나타난다.

　종로경찰서에 '소년척후대 제1호대' 조직을 신고(등록) 하였으며 조선총독부 경무국에서 1930년에 발간한 고등경찰 관계연표에 '소년척후대의 창설이 9월 31일로 기록되어 있다.

　(사진: 고등경찰관계연표. 9월 30일을 31일로 잘못 기재한 것을 볼 수 있다.)

8부

정성채 연보(年譜)

· 1899년 4월 16일: 서울 종로구 권농동에서 아버지 정윤수(鄭允洙) 장로와 어머니 김애심(金愛心) 사이에서 3남3녀 중 장남으로 태어나다
· 1912년: 경신학교에 입학하여 수학 중 황성기독교청년회관에서 홍난파(洪蘭坡, 1897~1941) 선생을 만나 함께 악우회(樂友會)를 조직하여 활동하다
· 1916년 3월: 경신(儆新)학교 졸업
· 1917년 3월: 경성 중앙기독교청년회(YMCA)에서 영어 학교 졸업
· 1917년 승동(勝洞)교회를 함께 섬기던 교우 정수면(鄭守免) 권사(정신학교 졸업)와 결혼하여 슬하에 7형제를 두다
· 1917년 4월: 연희전문학교 입학
· 1919년 3월: 3·1운동에 연루되어 연희전문학교 중퇴
· 1921년 2월: 승동교회에서 집사 피임
· 1921년 12월: 중앙기독교청년회 소년부 간사로 발령 받고 즉시 소년척후대(少年斥候隊) 조직 준비에 착수하다
· 1922년 4월: 우리나라 최초로 17명의 YMCA 청소년을 단원으로 구성하여 '소년척후대 제1호대'를 조직하여 발대하다
· 1922년 9월 30일: 종로경찰서에 '소년척후대 제1호대' 조직을 신고(등록) 하였으며 조선총독부 경무대에서 1930년에 발간한 고등경찰 관계연표에 기록되어 있다.
· 1924년 3월 1일: 소년척후대와 소년군의 합병으로 명칭을 '소년척후단 조선총연맹'으로 개칭하고, 월남 이상재 선생을 총재로 추대하고 두 창설자는 부간사장으로 취임하다
· 1924년 4월 18일: 중국 북경에서 열린 '제1회 극동국제소년척후대회'에 '소년척후단조선총연맹'의 조선대표로 박창한과 함께 참석하다.
· 1924년 4월: 합병한 지 약 1개월 반 만에 소년군의 탈퇴로 '소년척

후대'는 '소년척후단조선총연맹'의 모체가 되며 명칭은 그대로 보존하다

· 1929년 8월: 일본 구주 운선에서 세계 보이스카우트 지도자 훈련에 조선대표로 참가하여 이를 이수하고 소년척후대 활동에 필요한 자료를 구입하다

· 1931년 12월 24일: 소년척후대 제1호대 창설 10주년을 기념하여『소년척후교범』을 집필하여 발간하다. 특히 소년척후단가가 애국적이다 하여 발간 즉시 일본 관헌에 의하여 압수당했다.

· 1935년 5월 12일: 승동교회에서 분리되어 수송교회의 설립을 정성채, 홍병덕, 이정진, 나재하, 임전순 등 120여 명의 성도들과 합심협력으로 제도도, 조직도 초월한 순수한 교회로 발족하였다.

· 1935년 5월: 청소년 운동을 통한 독립운동에 요주의 인물로 일본 관헌에 의하여 강제로 중앙기독교청년회(YMCA) 간사직에서 퇴임 당하다

· 1935년 6월: 조선연예주식회사/ OK 레코드 회사 부사장으로 취임

· 1937년 9월 3일: 소년척후단 조선총연맹은 일제의 탄압으로 전국적으로 강제 해산당하다

· 1937년: 신흥우 박사의 영도 아래 '적극신앙단' 조직에 참여하여 기독교를 통한 민족계몽운동을 전개하고 '흥업구락부' 사건 등으로 옥고를 치르다가 해방을 맞이하다

· 1938년 4월: 수송(壽松)교회의 장로 장립

· 1945년 10월: 미군정청 민정관실 감찰과 과장으로 취임

· 1946년 1월: 조국 광복후 미군정청은 보이스카우트의 재편성을 위하여 '조선보이스카우트 재편준비위원회'의 조직을 허락하여 미군정청으로부터 '보이스카우트 육성법령' 공표를 이끌어내었다. 준비위원: 정성채, 구자옥, 최성만, 파레(미군대위)

· 1946년 3월 1일: '대한보이스카우트중앙연합회'란 이름으로 한국 보이스카우트 운동을 재건
· 1946년: 한국공사(韓國公社)를 신흥우 박사와 설립하고 부사장으로 취임
· 1946년: 재외동포협찬동지회(在外同胞協贊同志會) 부회장으로 선임
· 1947년: 우리나라 최초의 영자신문 합중일보(合衆日報, Union Democrat)를 발간, 편집국장 겸 부사장으로 취임
· 1947년: ECA(Economic Cooperative Administrations, U.S. Department of State) 미국경제협조처 농림부의 한국 책임자로 임명
· 1948년 8월 1일: 국호 변경으로 '조선소년단'이 '대한소년단'으로 개칭되었고 3대 간사장으로 선임
· 1948년 12월: 대한소년단 단지『소년단』을 창간
· 1949년 7월: 주 일본 대한민국 대표부 특명전권대사 겸 연합국 최고사령부 파견 외교사절단장 신흥우 대사의 수석비서관으로 임명
· 1950년 3월: 일본에서 귀국
· 1950년 8월 29일: (6 · 25동란) 자택에서 오전 6시경 괴뢰 정치부원 5명에 의하여 대한소년단 제복, 배지 및 관계서류 등의 압수와 동시에 51세로 납치당하다
· 1956년 11월 5일: 다섯째 아들 찬세(燦世) 세브란스(연세대학교 의과대학) 재학시 보이스카우트 지도자로 활동하였고 졸업을 몇 개월 앞두고 주님의 품에 안기다
· 1962년 8월 11일: 대한소년단 창설에 공헌이 크다 하여 공로장과 보이스카우트 최고훈장인 '무궁화 금장' 받다
· 1988년 12월 9일: 한국 보이스카우트 창설자 동상 제막식 거행. 대한민국 문화상 조각 부문을 수상한 원로 조각가 백문기(白文基) 선생이 조각하였으며 모든 동상제작에 필요한 경비는 아들들이 부담하였다.

- 1993년 3월 1일: 부인 정수면 권사는 정신여고 2회 졸업, 수송교회 여전도회 회장(7년) 역임. 3·1운동 동지회 평생회원. 자택에서 부군의 생사도 모르는 채 하나님의 부르심을 입어 향년 93세로 주님의 품에 영원히 안기다.
- 1993년 10월 24일: 장남 찬모 장로는 한국전력주식회사 전남, 충남, 경기지점장. 한국스카우트연맹 사무총장, 한창전기공업(주) 유니크 대표, 인덕학원(인덕대학교) 감사, 한국대학배구연맹 부회장, 대한배구우대회장 역임, 한국스카우트연맹 평생회원, 향년 71세로 주님의 품에 안기다.
- 2008년 10월 22일: 납북 후 생사도 모르는 채, 2009년이면 정성채 장로 연세가 110세, 서울에서 아들들과 손자들이 모임을 갖고 연세로 보아 돌아가신 것으로 간주되어 2009년 9월말에 추모예배를 드리기로 하다.
- 2009년 9월 26일 : 정성채 장로 탄생 110주년 추모예배. 토요일 오전11시 대한예수교장로회 수송교회(서울시 서초구 잠원동 48-13)에서 가족들이 주최한 추모예배를 가졌다.
- 2010년 4월 1일: 셋째아들 찬웅은 서울대학교 상경대학 경영학과 졸업. 한국전력 기획부 부장, 향년 82세에 주님의 품에 안기다.
- 2016년 4월 26일: 넷째아들 찬형은 예일대학교 건축과 학사, 도시계획 석사, 컬럼비아대학교 도시계획과 박사 취득, 브리지포트대학교 교수 역임, 향년 84세로 주님의 품에 안기다.
- 2024년 5월 30일: 둘째아들 찬주는 선경(SK그룹) 창설 멤버, 대표이사, 선경직물 사장, 선경합섬 부회장, SK그룹 고문 역임, 한국스카우트연맹 평생회원, 향년 99세에 주님의 품에 안기다.
- 2025년 2월: 『한국보이스카우트 창시자 구도 정성채 -소년운동 뿌리내리다』 발간(정찬민 지음, 도서출판 소소리)

한국보이스카우트 창시자 구도 정성채

정찬민 지음

1판 1쇄 인쇄/ 2025년 3월 15일
1판 1쇄 발행/ 2025년 3월 20일

지은이 / 정찬민
펴낸이 / 우희정
펴낸곳 / 도서출판 소소리

등록 / 제300-2007-21호
주소 / 03073 서울 종로구 성균관로 5길 39-16
전화 / 765-5663, 010-4265-5663
e-mail : sosori39@hanmail.net

값 29,000원

*잘못된 책은 바꿔드립니다.

ISBN 979-11-5891-209-3   03810

니다.'

아버지, 어머니는 천국에서 만나 부둥켜안고 서로의 눈물을 훔쳐 주었겠지요. 우리 형제들도 하나, 둘 아버지 어머니를 만나러 떠났습니다. 떠나간 모두 영원한 하나님 품에 안겼습니다.

생존한 6남과 7남이 묻혀져 가는 아버지 이야기를 세상에 전하게 되어 다행입니다.

1988년 1월 수송교회에서 한국의 세 형, 미국의 세 형제, 6형제가
주일예배에서 어머니를 위로하고자 특송을 하고 있다.
왼쪽부터 6남 찬구, 3남 찬웅, 4남 찬형, 2남 찬주, 7남 찬민, 1남 찬모